하루를 준비하는

아침 [계산편]
5분수학

아침5분수학(계산편)의 소개

스스로 알아서 하는 아침5분수학으로 기운찬 하루를 보내자!!!
매일 아침. 아침 밥을 먹으면 하루를 건강하게 보낼 수 있습니다.
마찬가지로. 매일 아침 5분의 계산 연습은 기운찬 하루를 보내게해 줄 것입니다.
매일 아침의 훈련으로 공부에 눈을 뜨는 버릇이 몸에 배게 되어.
스스로 공부하는 습관이 생기게 됩니다.
읽는 습관과 쓰는 습관으로 하루를 계획하고,
준비해서 매일 아침을 상쾌하게 시작하세요.

아침5분수학(계산편)의 활용

1. 아침 학교 가기전 집에서 하루를 준비하세요.
2. 등교후 1교시 수업전 학교에서 풀고, 수업 준비를 완료하세요.
3. 수학시간 전 휴식시간에 수학 수업 준비 마무리용으로 활용 하세요.
4. 학년별 학기용으로 이해하기 쉬운 내용으로 구성되어 학기 시작전 예습용이나
   단기 복습용으로 활용하세요.
5. 계산력 연습용과 하루 일과 준비를 할 수 있는 이 교재로 몇달 후
   달라진 모습을 기대 하세요.

HAPPY 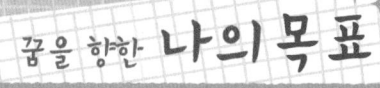 꿈을 향한 **나의 목표**

나는 _____ (하)고 _____ 한

_____

_____ (이)가 될거예요!

공부의 목표

예체능의 목표

생활의 목표

건강의 목표

 나의 목표를 꼼꼼히 세우고, 목표를 달성하기위해 노력해요^^

 공부의 목표를 달성하기 위해

1.

2.

3.

할거예요.

 예체능의 목표를 달성하기 위해

1.

2.

3.

할거예요.

 생활의 목표를 달성하기 위해

1.

2.

3.

할거예요.

 건강의 목표를 달성하기 위해

1.

2.

3.

할거예요.

 나의 목표를 꼼꼼히 세우고, 목표를 달성하기위해 노력해요^^

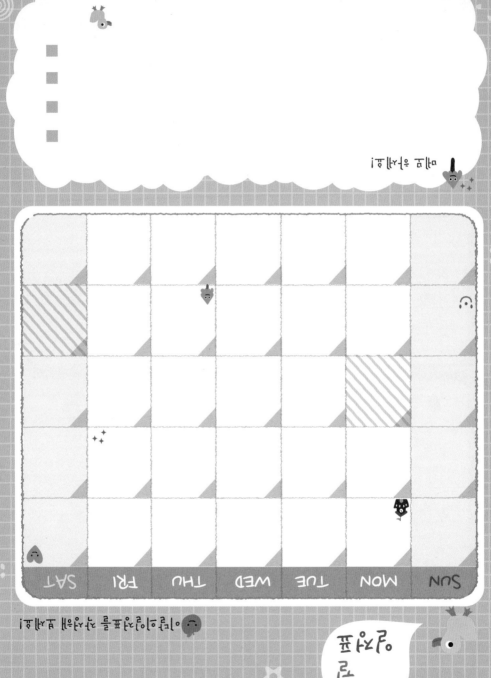

HAPPY!

일주일 일기장

일요일 저녁에 적으세요.

[ ] 월 [ ] 일

| 재미있었던 과목 | 친하게 지낸 친구 | 하고 싶은 일 | 잘 못한 일 |

기억에 남는 일

다음주 각오 🍎

[ ] 월 [ ] 일

| 재미있었던 과목 | 친하게 지낸 친구 | 하고 싶은 일 | 잘 못한 일 |

기억에 남는 일 🍎

다음주 각오

[ ] 월 [ ] 일

| 재미있었던 과목 | 친하게 지낸 친구 | 하고 싶은 일 | 잘 못한 일 |

기억에 남는 일

다음주 각오

[ ] 월 [ ] 일

| 재미있었던 과목 | 친하게 지낸 친구 | 하고 싶은 일 | 잘 못한 일 |

기억에 남는 일

다음주 각오 🍎

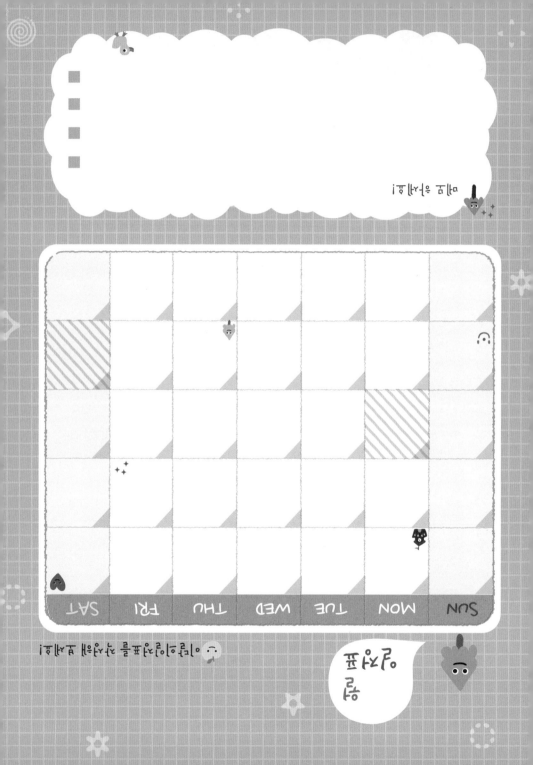

마음은 편해요!

SUN | MON | TUE | WED | THU | FRI | SAT

이달의이정표를 작성해 보세요!

한달
이정표

일주일 일기장

HAPPY!

일요일 저녁에 적으세요.

[ ]월 [ ]일

| 재미있었던 과목 | 친하게 지낸 친구 | 하고 싶은 일 | 잘 못한 일 |

기억에 남는 일

다음주 각오

[ ]월 [ ]일

| 재미있었던 과목 | 친하게 지낸 친구 | 하고 싶은 일 | 잘 못한 일 |

기억에 남는 일

다음주 각오

[ ]월 [ ]일

| 재미있었던 과목 | 친하게 지낸 친구 | 하고 싶은 일 | 잘 못한 일 |

기억에 남는 일

다음주 각오

[ ]월 [ ]일

| 재미있었던 과목 | 친하게 지낸 친구 | 하고 싶은 일 | 잘 못한 일 |

기억에 남는 일

다음주 각오

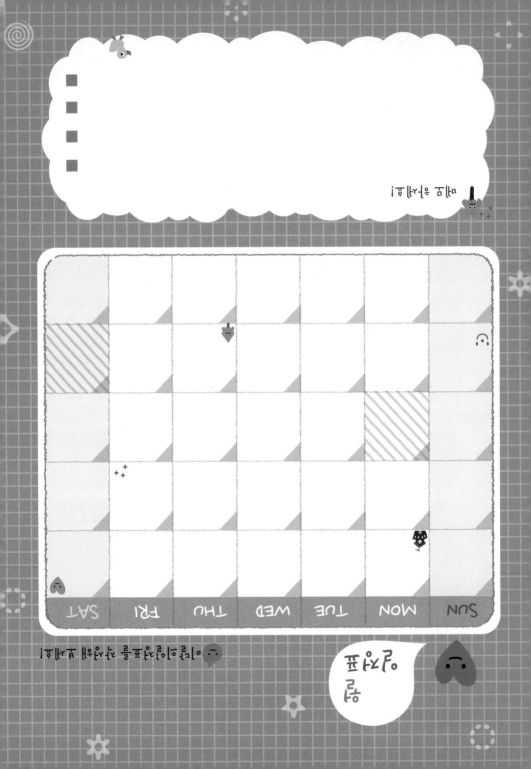

HAPPY!

일주일 일기장

일요일 저녁에 적으세요.

[   ]월 [   ]일

| 재미있었던 과목 | 친하게 지낸 친구 | 하고 싶은 일 | 잘 못한 일 |

기억에 남는 일

다음주 각오

[   ]월 [   ]일

| 재미있었던 과목 | 친하게 지낸 친구 | 하고 싶은 일 | 잘 못한 일 |

기억에 남는 일

다음주 각오

[   ]월 [   ]일

| 재미있었던 과목 | 친하게 지낸 친구 | 하고 싶은 일 | 잘 못한 일 |

기억에 남는 일

다음주 각오

[   ]월 [   ]일

| 재미있었던 과목 | 친하게 지낸 친구 | 하고 싶은 일 | 잘 못한 일 |

기억에 남는 일

다음주 각오

아침5분수학 (계산편)의 차례 5학년 1학기

🐤 (부록) 집중 계산력 연습 8회분

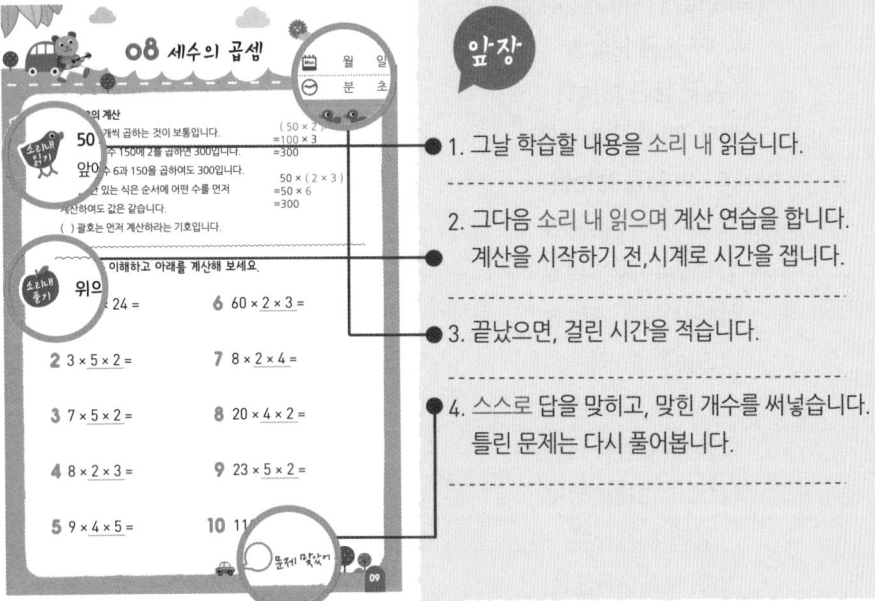

앞장

○8 세수의 곱셈

월   일
분   초

50 의 계산
개씩 곱하는 것이 보통입니다.   (50 × 2)
주 150에 2를 곱하면 300입니다.   = 100 × 3
앞이   수 6과 150을 곱하면도 300입니다. = 300
있는 식은 순서에 어떤 수를 먼저   50 × (2 × 3)
계산하여도 값은 같습니다.   = 50 × 6
( )괄호는 먼저 계산하라는 기호입니다.   = 300

위으   이해하고 아래를 계산해 보세요.

1 × 24 =   **6** 60 × 2 × 3 =

2 3 × 5 × 2 =   **7** 8 × 2 × 4 =

3 7 × 5 × 2 =   **8** 20 × 4 × 2 =

4 8 × 2 × 3 =   **9** 23 × 5 × 2 =

5 9 × 4 × 5 =   **10** 11

문제 맞추기

09

- 1. 그날 학습할 내용을 소리 내 읽습니다.

- 2. 그다음 소리 내 읽으며 계산 연습을 합니다.
  계산을 시작하기 전, 시계로 시간을 잽니다.

- 3. 끝났으면, 걸린 시간을 적습니다.

- 4. 스스로 답을 맞히고, 맞힌 개수를 써넣습니다.
  틀린 문제는 다시 풀어봅니다.

뒷장

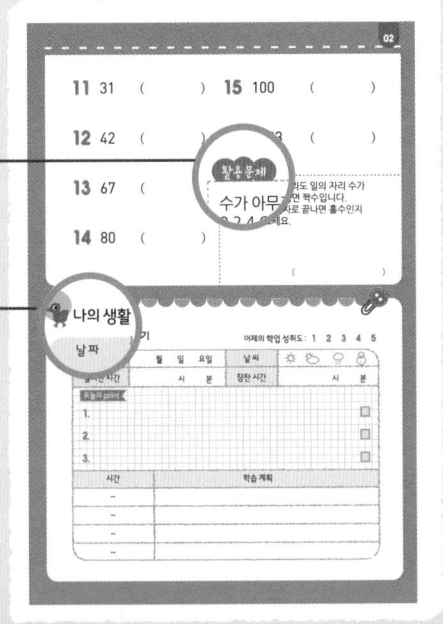

02

11 31   (   )   **15** 100   (   )

12 42   (   )

13 67   (   )

14 80   (   )

활용문제
수가 아무리
2 2 4 으로 끝나면 홀수인지

- 5. 다음 장에서는 확인문제와 활용문제로
  반복 학습을 합니다.

- 6. 나의 생활에 어제 잠잔 시간,
  학업의 성취도등을 체크하고,
  오늘해야 할 일을 정리하고 계획합니다.

- 7. 하루를 시작할 마음의 준비를 하고,
  하루를 계획한 대로 실천하도록 노력
  합니다.

나의 생활

날짜   월 일 요일   날씨

시간   시 분   잠잔 시간   시 분

오늘의 point
1.
2.
3.

시간   학습 계획
~
~

01 홀수와 짝수

소리내
읽기

2로 나누어 떨어지는 수를 짝수라고 합니다.

24와 같이 2로 나누어 나머지가 0으로 떨어지는
값으로 2의 배수인 수를 짝수,

27과 같이 2로 나누어서 나머지가 1인 수로
2의 배수가 아닌 수를 홀수라고 합니다.

2로 나누어
나머지가 0이므로 짝수
㉔ ÷ 2 = 12 … 0

27 ÷ 2 = 13 … 1
2로 나누어
나머지가 1이므로 홀수

소리내
풀기

다음 수가 홀수인지 짝수인지 답하세요.

1 1 (   )   **6** 6 (   )

2 2 (   )   **7** 7 (   )

3 3 (   )   **8** 8 (   )

4 4 (   )   **9** 9 (   )

5 5 (   )   **10** 0 (   )

17 문제 중   문제 맞았어!

11 31   (   )

12 42   (   )

13 67   (   )

14 80   (   )

15 100   (   )

16 1503   (   )

활용문제

수가 아무리 크더라도 일의 자리 수가
0,2,4,6,8로 끝나면 짝수입니다.
홀수인 수는 어떤 숫자로 끝나야 하는지
모두 적어보세요.

(   )

나의 생활 일기

잘했다고 생각되면 **5**점
어제의 학업 성취도 :   **1**   **2**   **3**   **4**   **5**

날짜		월 일 요일	날씨	☀ ⛅ 🌧 ⛄
일어난 시간		시 분	잠잔 시간	시 분

오늘의 point	오늘 꼭 해야 할 일이나 중요한 일을 적고, 다음날 실천했는지 네모칸에 확인 V 합니다.	
1.		☐
2.		☐
3.		☐

시간	학습 계획
~	
~	
~	
~	

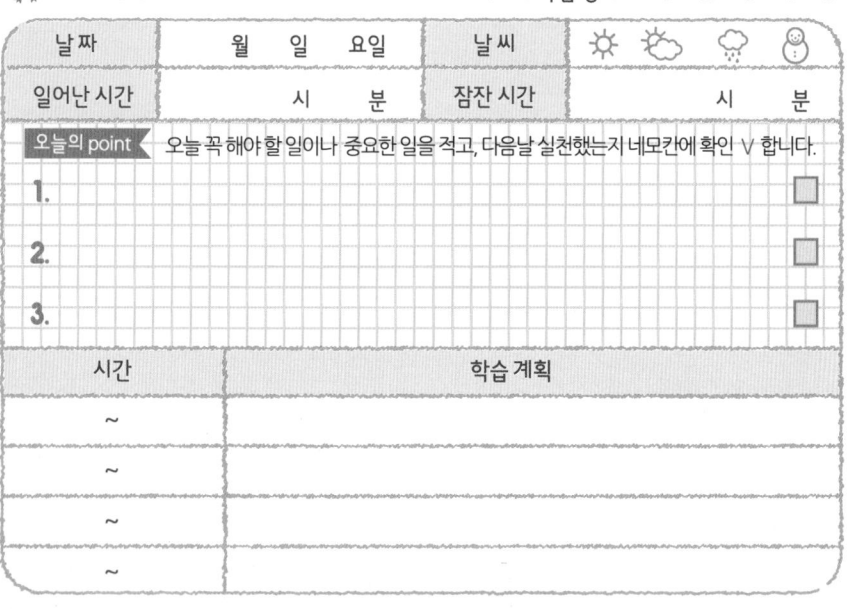

02 약수

소리내 읽기

어떤 수를 나누어서 떨어지게 하는 수를 약수라고 합니다.

4를 1,2,3,4로 나누어 떨어지게 하는 수를
4의 약수라고 합니다. (나머지=0)

$4 \div 1 = 4$, $4 \div 2 = 2$, $4 \div 4 = 1$

➡ 4의 약수 : 1,2,4

두 수의 곱이 4일때,
두 수를 4의 약수라고 합니다.

$4 = 4 \times 1$, $4 = 2 \times 2$

➡ 4의 약수 : 1,2,4

➡ 어떤 수의 약수는 항상 1과 어떤 수 자신이 포함됩니다.

소리내 풀기

다음 수의 약수를 구하세요.

1 2의 약수

5 15의 약수

2 3의 약수

6 10의 약수

3 6의 약수

7 24의 약수

4 12의 약수

11 문제 중 ⭕ 문제 맞았기!

8 36의 약수

9 40의 약수

....

40의 약수 중에서 홀수는 모두 몇 개 입니까?

5의 배수인 어떤 수가 있습니다. 이 수들의 약수를 모두 더 하였더니 31이 되었습니다. 어떤 수는 무엇일까요?

( )　　　　　　　　　( )

🐤 **나의 생활 일기**

잘했다고 생각되면 **5**점
어제의 학업 성취도 :　**1**　**2**　**3**　**4**　**5**

날 짜	월　일　요일	날 씨	☀　⛅　☁　🌧　☃
일어난 시간	시　　분	잠잔 시간	시　　분

오늘의 point	오늘 꼭 해야 할 일이나 중요한 일을 적고, 다음날 실천했는지 네모칸에 확인 V 합니다.
1.	☐
2.	☐
3.	☐

시간	학습 계획
~	
~	
~	
~	

03 공약수와 최대공약수

Mon 월 일
시계 분 초

소리내 읽기

공약수란 두수의 약수 중 같은 수들을 말합니다.

공약수 중 가장 큰 공약수를 최대공약수라고 합니다.

12의 약수   1 2 3 4 6   12

18의 약수   1 2 3   6 9   18

➡ 공약수 : 1, 2, 3, 6

➡ 최대공약수 : 6 ········▸ 6의 약수 : 1,2,3,6
　　　　　　　　　　　　　　12와 18의 공약수는 최대공약수의 약수와 같습니다.

소리내 풀기

다음 수의 공약수와 최대공약수를 찾으세요.

1 15의 약수 ....

　 20의 약수 ....

　　　공약수 ....　최대공약수 ....

2 12의 약수 ....

　 18의 약수 ....

　　　공약수 ....　최대공약수 ....

3 16의 약수 ....

　 24의 약수 ....

　　　공약수 ....　최대공약수 ....

5 문제 중 　⭕ 문제 맞았어!

4 36의 약수 ....

48의 약수 ....

공약수 .... 최대공약수 ....

5 18의 약수 ....

26의 약수 ....

공약수 .... 최대공약수 ....

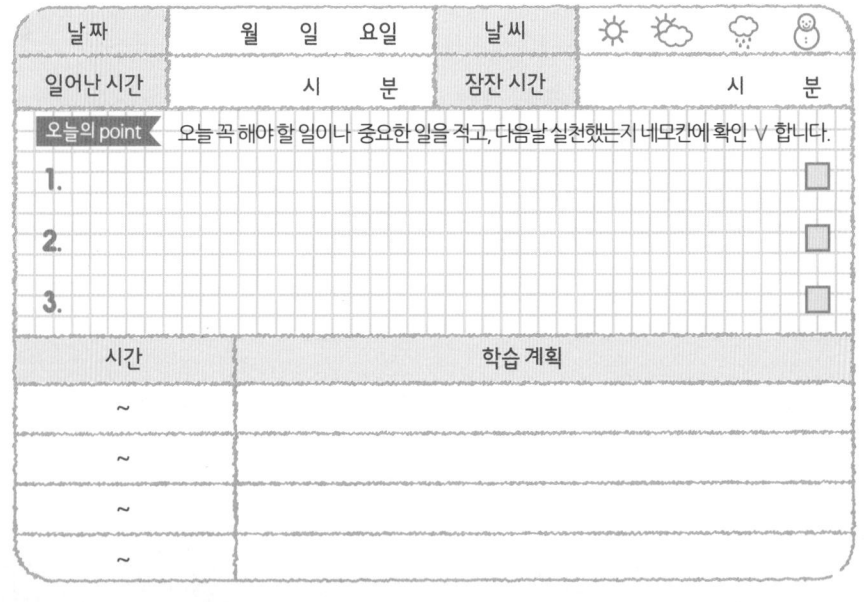

🐦 **나의 생활 일기**

잘했다고 생각되면 **5**점
어제의 학업 성취도 : **1** **2** **3** **4** **5**

날 짜	월 일 요일	날 씨	☀ ⛅ 🌧 ⛄
일어난 시간	시 분	잠잔 시간	시 분

오늘의 point ◀ 오늘 꼭 해야 할 일이나 중요한 일을 적고, 다음날 실천했는지 네모칸에 확인 V 합니다.

1. ☐

2. ☐

3. ☐

시간	학습 계획
~	
~	
~	
~	

 곱셈식을 이용하여 12와 30의 최대공약수를 구하는 방법

12와 30을 작은 수들의 곱으로 나타낸 다음,
공통으로 곱해진 수만 곱하여 구합니다.

$12 = \ 2 \times \underline{6} = 2 \times \underline{2} \times \underline{3}$
$30 = \underline{10} \times 3 = \underline{2} \times 5 \times \underline{3}$ $\Big]\, 2 \times 3 = 6$

➡ 공통으로 있는 2,3을 곱한 수 6이 최대공약수가 됩니다.

 위의 방법을 이해하고 두수의 최대공약수를 구해보세요.

1 (6, 12)

    $6 = \underline{3 \times 2}$
    $12 = 6 \times 2 = \underline{3 \times 2} \times 2$

4 (10, 25)

2 (8, 12)

5 (12, 15)

3 (9, 27)

6 (15, 35)

7 (12, 24)

9 (22, 46)

8 (25, 45)

10 (32, 48)

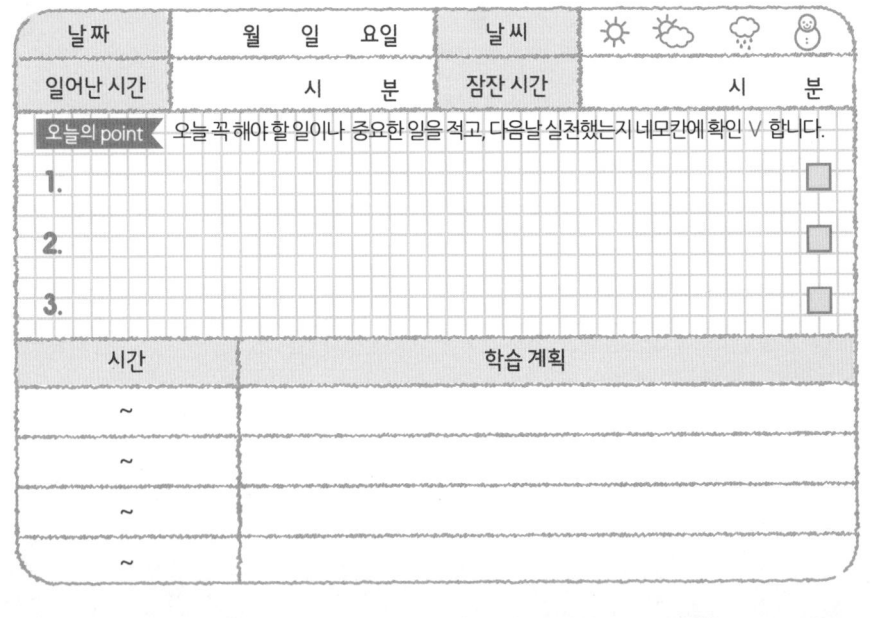

나의 생활 일기

잘했다고 생각되면 **5**점
어제의 학업 성취도 : **1** **2** **3** **4** **5**

날짜	월 일 요일	날씨	☀ ⛅ 🌧 ⛄
일어난 시간	시 분	잠잔 시간	시 분

오늘의 point ◀ 오늘 꼭 해야 할 일이나 중요한 일을 적고, 다음날 실천했는지 네모칸에 확인 ∨ 합니다.

1. ☐

2. ☐

3. ☐

시간	학습 계획
~	
~	
~	
~	

소리내 읽기

나눗셈식을 이용하여 12와 30의 최대공약수를 구하는 방법

최대공약수란 같이 나누어 떨어질 수 있는 가장
큰 수를 찾는 것이므로 두 개의 수를 옆의 방법으로
나누어서 나누어지는 수를 곱하면 최대공약수입니다.
12와 30으로 같이 나눌 수 있는 2로 나누고 몫을 같이 나눌 수 없을 때까지 나누어
줍니다. ➡ 같이 나눌수 있는 2와 3의 곱 6이 최대공약수가 됩니다.

$$
\begin{array}{r}
2\ )\ \overline{12 \quad 30} \\
3\ )\ \overline{6 \quad 15} \\
2\times3{=}6 \quad 2 \quad 5
\end{array}
$$

 소리내 풀기

다음 수의 최대공약수를 찾으세요.

1
$$
\begin{array}{r}
2\ )\ \overline{16 \quad 24} \\
2\ )\ \overline{8 \quad 12} \\
2\ )\ \overline{4 \quad 6} \\
2 \quad 3
\end{array}
$$

2×2×2=

2 $)\ \overline{8 \quad 12}$

3 $)\ \overline{9 \quad 27}$

4 $)\ \overline{10 \quad 25}$

5 $)\ \overline{12 \quad 15}$

6 $)\ \overline{15 \quad 35}$

7) 12 24

9) 22 46

8) 25 45

10) 32 48

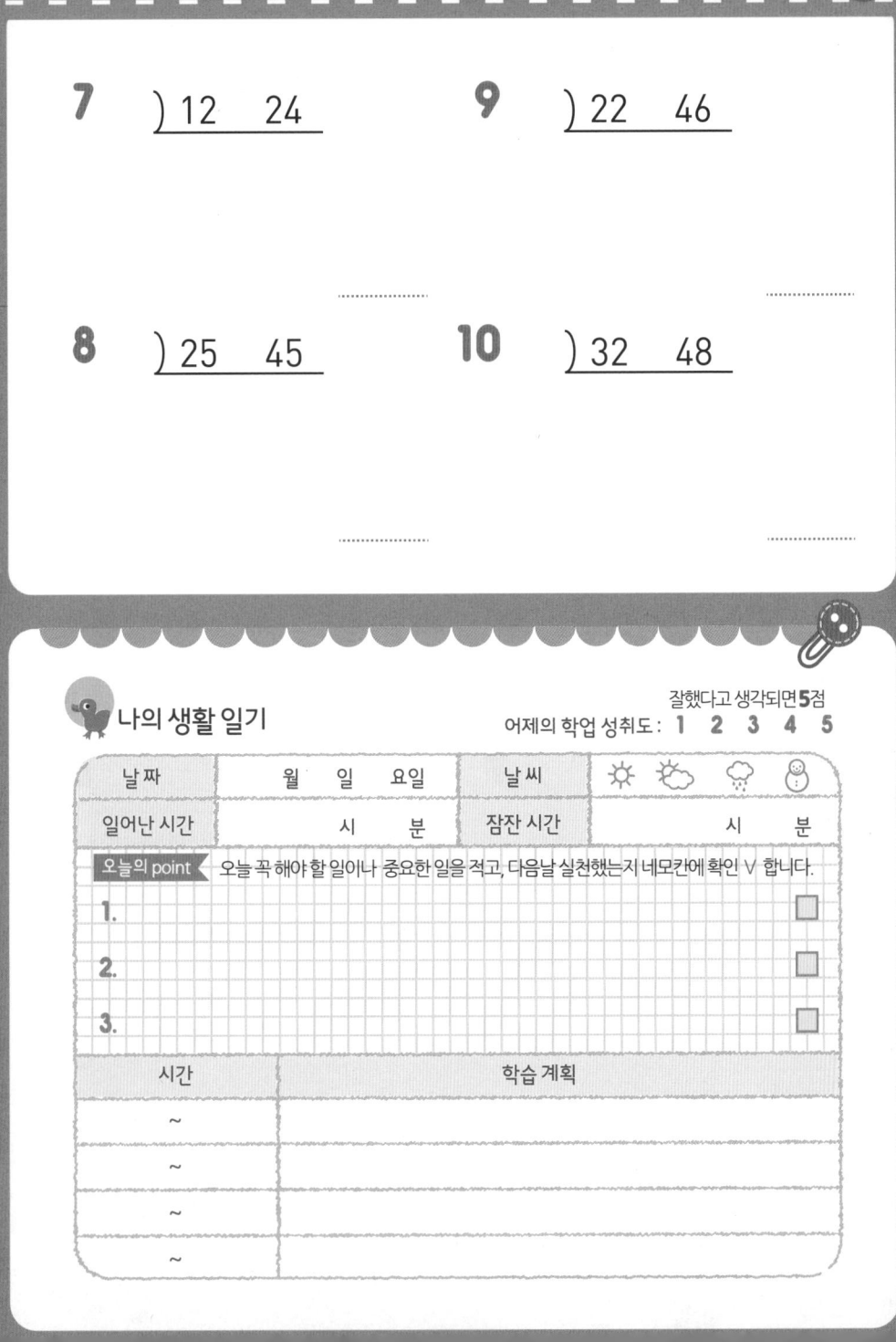

나의 생활 일기

잘했다고 생각되면 **5**점
어제의 학업 성취도 : **1 2 3 4 5**

날짜	월 일 요일	날씨	☀ ⛅ ☁ 🌧 ⛄
일어난 시간	시 분	잠잔 시간	시 분

오늘의 point ◀ 오늘 꼭 해야 할 일이나 중요한 일을 적고, 다음날 실천했는지 네모칸에 확인 V 합니다.

1. ☐

2. ☐

3. ☐

시간	학습 계획
~	
~	
~	
~	

06 배수

어떤 수를 1배, 2배, 3배.. 한 수를 배수라고 합니다.

3의 배수 : 3,6,9,12,15,18,........
4의 배수 : 4,8,12,16,20,..........
자신부터 시작해서 셀 수 없을 정도로 많습니다.

➡ 12는 4를 3배한 수이므로 12는 4의 배수입니다.
➡ 12는 4로 나누어 떨어지므로 12는 4의 배수입니다.

3의 배수
3 × 1 = 3
3 × 2 = 6
3 × 3 = 9
3 × 4 = 12
· · · ·

다음 수의 배수를 작은 수부터 5개씩 적으세요.

1 2의 배수

5 9의 배수

2 3의 배수

6 10의 배수

3 6의 배수

7 12의 배수

4 8의 배수

8 20의 배수

9 30의 배수

10 46의 배수

....

....

활용문제

1에서 30까지의 자연수 중에서 짝수는 모두 몇 개입니까?

4명씩 앉을 수 있는 긴 의자가 있습니다. 이 의자 4개에 앉을 수 있는 사람은 모두 몇 명일까요?

(   )

(   )

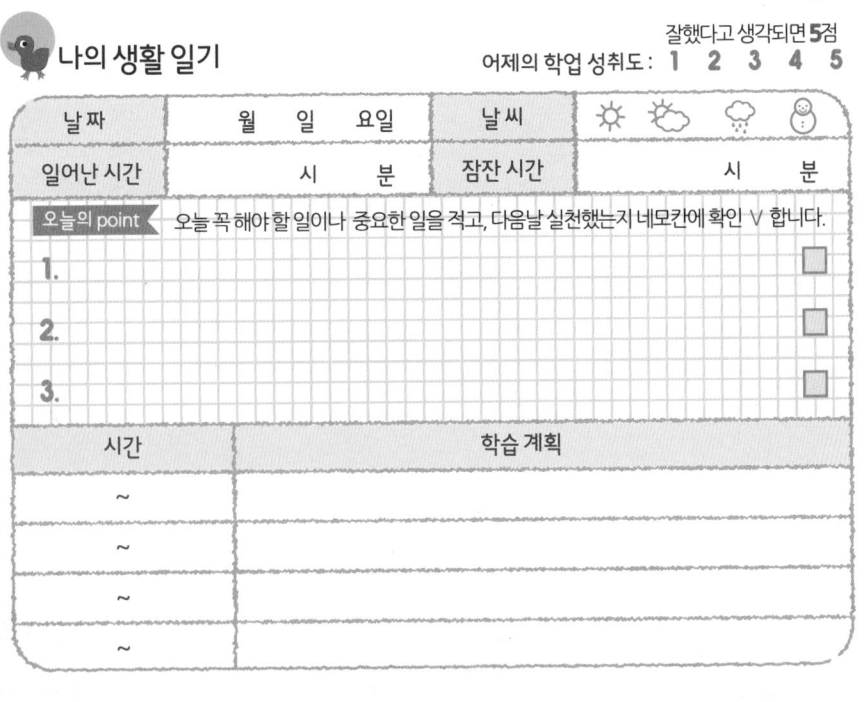

나의 생활 일기

잘했다고 생각되면 **5**점
어제의 학업 성취도 : **1** **2** **3** **4** **5**

날짜	월 일 요일	날씨	☀ ⛅ 🌧 ⛄
일어난 시간	시 분	잠잔 시간	시 분

오늘의 point ◀ 오늘 꼭 해야 할 일이나 중요한 일을 적고, 다음날 실천했는지 네모칸에 확인 ∨ 합니다.

1. ☐

2. ☐

3. ☐

시간	학습 계획
~	
~	
~	
~	

O7 공배수와 최소공배수

월 일 분 초

공배수란 두수의 배수 중 같은 수들을 말합니다.

공배수 중 가장 작은 공배수를 최소공배수라고 합니다.

6의 배수　6　12　18　24　30　36　42　48　54 ……
9의 배수　　9　　18　　27　　36　　45　　54 ……

➡ 공배수 : 18,36,54,……
➡ 최소공배수 : 18 ……… 18의 배수 : 18,36,54……
6과 9의 공배수는 최소공배수의 배수와 같습니다.

다음 수의 공배수 3개와 최소공배수를 찾으세요.

1 2의 배수

　5의 배수

　　공배수　　　　　　　　　　　최소공배수

2 6의 배수

　8의 배수

　　공배수　　　　　　　　　　　최소공배수

3 10의 배수

　15의 배수

　　공배수　　　　　　　　　　　최소공배수

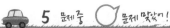

5 문제 중　　문제 맞았어!

13

4 7의 배수 ....

14의 배수 ....

공배수 .... 최소공배수 ....

5 12의 배수 ....

6의 배수 ....

공배수 .... 최소공배수 ....

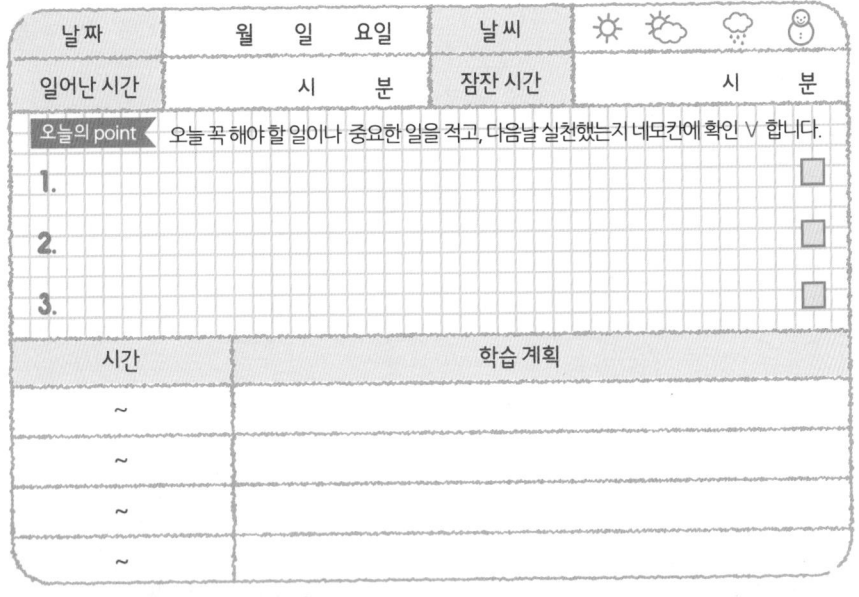

나의 생활 일기

날 짜	월 일 요일	날 씨	☀ ⛅ ☁ ⛄
일어난 시간	시 분	잠잔 시간	시 분

오늘의 point ◀ 오늘 꼭 해야 할 일이나 중요한 일을 적고, 다음날 실천했는지 네모칸에 확인 ∨ 합니다.

1. ☐

2. ☐

3. ☐

시간	학습 계획
~	
~	
~	
~	

08 최소공배수 구하기(1)

곱셈식을 이용하여 12와 30의 최소공배수를 구하는 방법

12와 30을 작은 수들의 곱으로 나타낸 다음,
공통으로 곱해진 수와 나머지 수들의 곱을 구합니다.

$12 = 2 \times 6 = 2 \times 2 \times 3$
$30 = 10 \times 3 = 5 \times 2 \times 3$ ⎤ $2 \times 3 \times 2 \times 5 = 60$

➡ 공통으로 있는 2,3과 나머지수 2,5를 모두 곱한 수 60이 최소공배수가 됩니다.

위의 방법을 이해하고 두수의 최소공배수를 구해보세요.

1 (4, 6)

4 (6, 21)

2 (8, 12)

5 (18, 12)

3 (10, 15)

6 (15, 20)

10 문제중 ◯ 문제 맞았기!

7 (20, 30)

9 (9, 54)

8 (12, 16)

10 (24, 36)

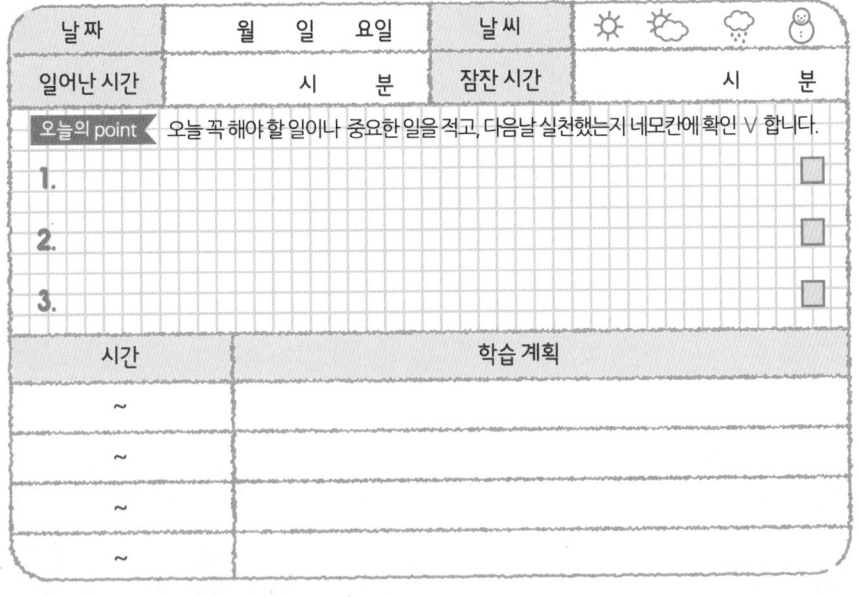

나의 생활 일기

잘했다고 생각되면 **5**점
어제의 학업 성취도 : **1** **2** **3** **4** **5**

날짜	월 일 요일	날씨	☀ 🌤 ☁ ⛄
일어난 시간	시 분	잠잔 시간	시 분

오늘의 point ◀ 오늘 꼭 해야 할 일이나 중요한 일을 적고, 다음날 실천했는지 네모칸에 확인 V 합니다.

1. ☐

2. ☐

3. ☐

시간	학습 계획
~	
~	
~	
~	

09 최소공배수 구하기(2)

 월 일
분 초

나눗셈식을 이용하여 12와 30의 최소공배수를 구하는 방법

최소공배수란 같은 배수 중 가장 작은 배수를
찾는 것이므로 두 개의 수를 옆의 방법으로
나누어서 나누어지는 수와 몫을 모두 곱하면
최소공배수가 됩니다.

$$\begin{array}{r|rr} 2 & 12 & 30 \\ \hline 3 & 6 & 15 \\ \hline & 2 & 5 \end{array}$$

$2×3×2×5=60$

➡ 같이 나눌수 있는 2, 3과 몫 2, 5를 모두 곱한 수 60이 최소공배수가 됩니다.

다음 수의 최소공배수를 찾으세요.

1 $\overline{)\ 4\quad 6}$

4 $\overline{)\ 6\quad 21}$

2 $\overline{)\ 8\quad 12}$

5 $\overline{)\ 18\quad 12}$

3 $\overline{)\ 10\quad 15}$

6 $\overline{)\ 15\quad 20}$

7) 20   30

9) 9   54

8) 12   16

10) 24   36

 나의 생활 일기

어제의 학업 성취도 : 1 2 3 4 5

| 날짜 | 월   일   요일 | 날씨 | ☀ ⛅ 🌧 ⛄ |
| 일어난 시간 | 시   분 | 잠잔 시간 | 시   분 |

오늘의 point

1. ☐

2. ☐

3. ☐

시간	학습 계획
~	
~	
~	
~	

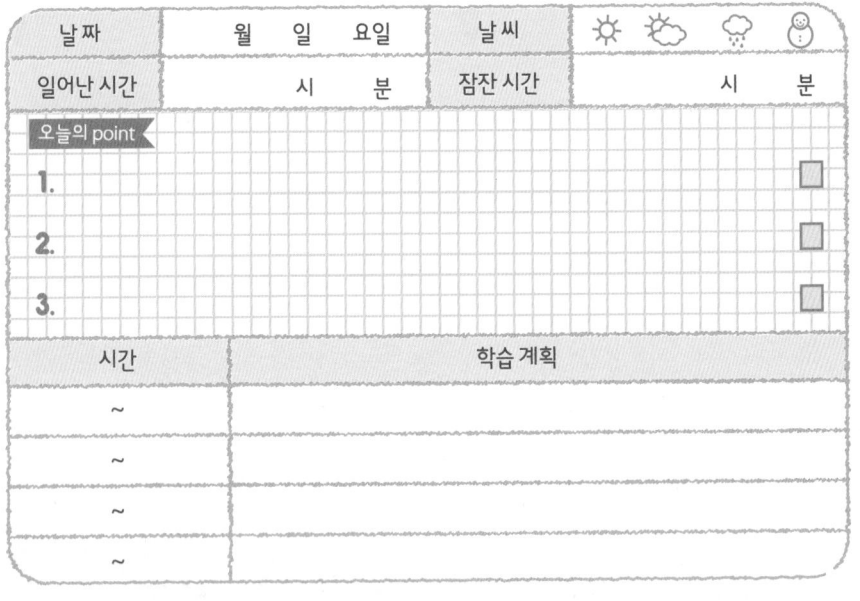

월 일
분 초

곱하기 식을 이용하여 최대공약수와 최소공배수를 구하세요.

1 (6, 8)

최대공약수 ....

최소공배수 ....

2 (9, 54)

최대공약수 ....

최소공배수 ....

3 (12, 16)

최대공약수 ....

최소공배수 ....

4 (8, 40)

최대공약수 ....

최소공배수 ....

5 (9, 6)

최대공약수 ....

최소공배수 ....

6 (24, 36)

최대공약수 ....

최소공배수 ....

7 (48, 72)　　　　　　　　**8** (36, 54)

최대공약수 ⋯⋯⋯⋯⋯　　　　　최대공약수 ⋯⋯⋯⋯⋯

최소공배수 ⋯⋯⋯⋯⋯　　　　　최소공배수 ⋯⋯⋯⋯⋯

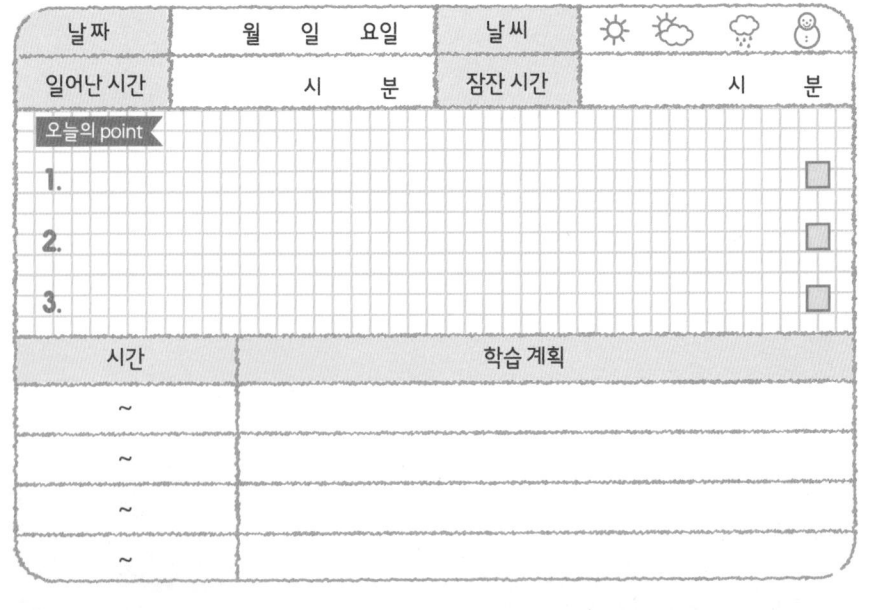

나의 생활 일기　　　　　　어제의 학업 성취도 : **1　2　3　4　5**

날짜	월　일　요일	날씨	☀ ⛅ 🌧 ☃
일어난 시간	시　분	잠잔 시간	시　분

오늘의 point

1. ☐
2. ☐
3. ☐

시간	학습 계획
~	
~	
~	
~	

월 일
Mon

분 초

나누기식을 이용하여 최대공약수와 최소공배수를 구하세요.

1) 8, 10

최대공약수 ....

최소공배수 ....

2) 9, 27

최대공약수 ....

최소공배수 ....

3) 20, 15

최대공약수 ....

최소공배수 ....

4) 16, 20

최대공약수 ....

최소공배수 ....

5) 50, 75

최대공약수 ....

최소공배수 ....

6) 30, 20

최대공약수 ....

최소공배수 ....

8 문제 중 ○ 문제 맞았어!

7 (18, 24)

8 (22, 33)

최대공약수 ·················

최소공배수 ·················

최대공약수 ·················

최소공배수 ·················

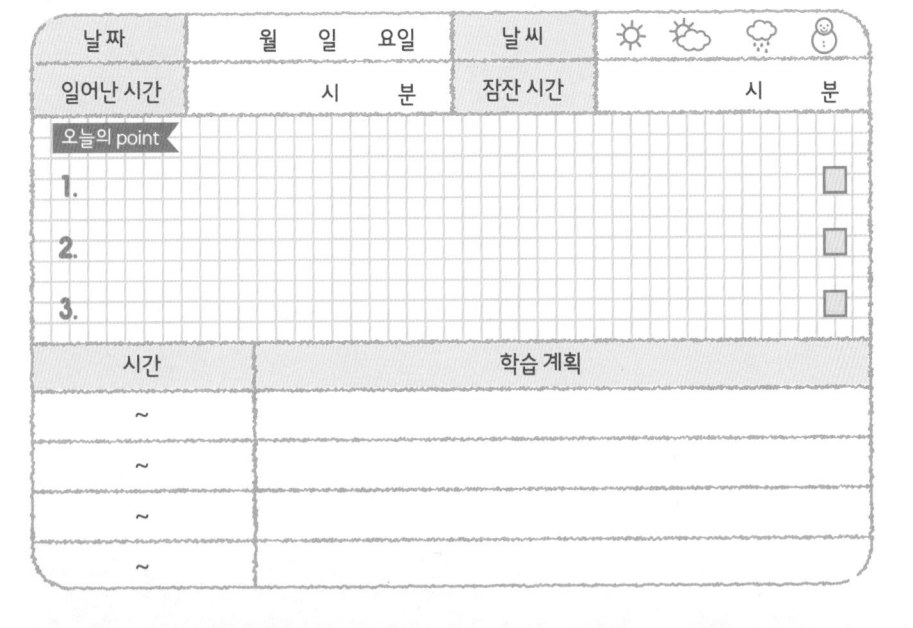

나의 생활 일기

어제의 학업 성취도 : **1 2 3 4 5**

날짜	월 일 요일	날씨	☼ ☁ ☂ ☃
일어난 시간	시 분	잠잔 시간	시 분

오늘의 point

1. ☐

2. ☐

3. ☐

시간	학습 계획
~	
~	
~	
~	

12 크기가 같은 분수

소리내 읽기

분모와 분자에 0이 아닌 같은 수를 곱하면 항상 크기가 같은 분수가 됩니다.

$$\frac{1}{2} = \frac{1 \times 2}{2 \times 2} = \frac{2}{4}$$

$$\frac{1}{2} = \frac{1 \times 4}{2 \times 4} = \frac{4}{8}$$

분모와 분자에 0이 아닌 같은 수를 나누어도 항상 크기가 같은 분수가 됩니다.

$$\frac{12}{20} = \frac{12 \div 2}{20 \div 2} = \frac{6}{10}$$

$$\frac{12}{20} = \frac{12 \div 4}{20 \div 4} = \frac{3}{5}$$

소리내 풀기

크기가 같은 분수가 되도록 ☐안에 적당한 수를 적으세요.

1 $\dfrac{2}{9} = \dfrac{2 \times \boxed{}}{9 \times 3} = \dfrac{\boxed{}}{27}$

5 $\dfrac{5}{10} = \dfrac{5 \div \boxed{}}{10 \div 5} = \dfrac{\boxed{}}{2}$

2 $\dfrac{2}{3} = \dfrac{2 \times \boxed{}}{3 \times \boxed{}} = \dfrac{\boxed{}}{12}$

6 $\dfrac{45}{72} = \dfrac{45 \div \boxed{}}{72 \div \boxed{}} = \dfrac{\boxed{}}{8}$

3 $\dfrac{5}{6} = \dfrac{5 \times \boxed{}}{6 \times 8} = \dfrac{40}{\boxed{}}$

7 $\dfrac{30}{40} = \dfrac{30 \div \boxed{}}{40 \div 5} = \dfrac{6}{\boxed{}}$

4 $\dfrac{3}{8} = \dfrac{\boxed{}}{40}$

8 $\dfrac{28}{88} = \dfrac{\boxed{}}{22}$

14 문제 중 ◯ 문제 맞았어!

9 $\dfrac{7}{9} = \dfrac{\boxed{}}{45}$

12 $\dfrac{39}{60} = \dfrac{\boxed{}}{20}$

10 $\dfrac{5}{12} = \dfrac{\boxed{}}{60}$

13 $\dfrac{30}{100} = \dfrac{\boxed{}}{10}$

11 $\dfrac{3}{7} = \dfrac{\boxed{}}{49}$

14 $\dfrac{108}{150} = \dfrac{\boxed{}}{25}$

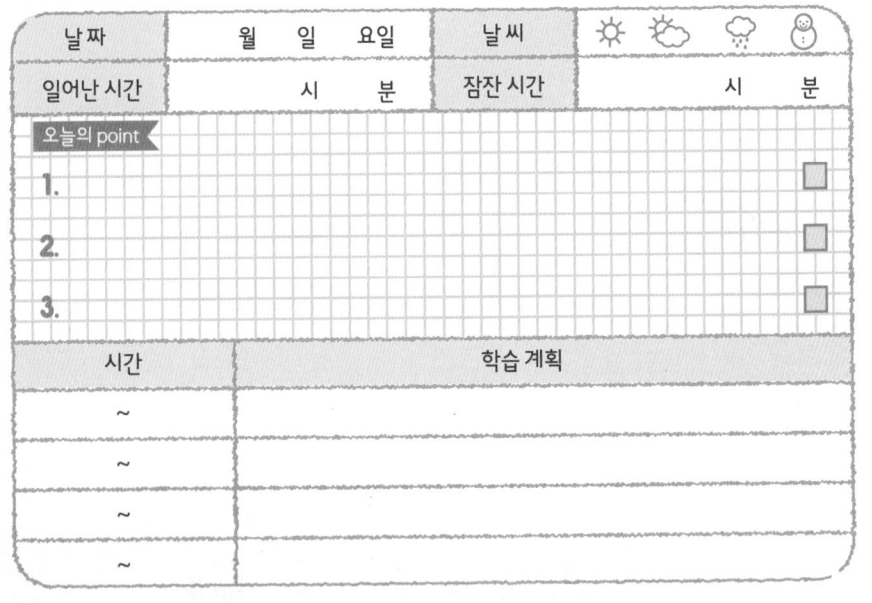

나의 생활 일기

어제의 학업 성취도 : **1 2 3 4 5**

날짜	월 일 요일	날씨	☀ ⛅ 🌧 ☃
일어난 시간	시 분	잠잔 시간	시 분

오늘의 point

1. ☐

2. ☐

3. ☐

시간	학습 계획
~	
~	
~	
~	

13 약분과 기약분수

소리내 읽기

분모와 분자에 그들의 공약수로 나누는 것을 약분한다고 합니다.

$\dfrac{12}{24} = \dfrac{12 \div 2}{24 \div 2} = \dfrac{6}{12}$ → 2로 약분한 것

$\dfrac{12}{24} = \dfrac{12 \div 12}{24 \div 12} = \dfrac{1}{2}$ → 12로 약분한 것

분모와 분자를 그들의 최대공약수로 나눈 분수를 기약분수라고 합니다.

$\dfrac{12}{20} = \dfrac{12 \div 4}{20 \div 4} = \dfrac{3}{5}$

4로 약분한 것

기약분수는 더 이상 약분 되지 않습니다.

※ 문제에서 특별한 말이 없는 이상, 분수를 계산한 답은 반드시 기약분수로 적어야 합니다.

소리내 풀기

아래의 분수를 기약분수로 만드세요.

1 $\dfrac{10}{20} =$

2 $\dfrac{15}{45} =$

3 $\dfrac{25}{75} =$

4 $\dfrac{12}{30} =$

5 $\dfrac{9}{45} =$

6 $\dfrac{27}{36} =$

7 $\dfrac{45}{72} =$

8 $\dfrac{30}{40} =$

9 $\dfrac{13}{39} =$

10 $\dfrac{54}{72} =$

 16 문제 중 문제 맞았기!

11 $\dfrac{25}{40} =$

13 $\dfrac{24}{64} =$

12 $\dfrac{18}{72} =$

14 $\dfrac{14}{42} =$

활용문제

분모와 분자의 공약수가 1뿐인 분수를
무엇이라고 하나요?

분수는 같은 수를 분모와 분자에 나누거나
곱하여도 값은 같습니다.
분수를 기약분수로 만들기 위해서는
무엇으로 분모와 분자에 나누어 주어야
할까요?

(   )

(   )

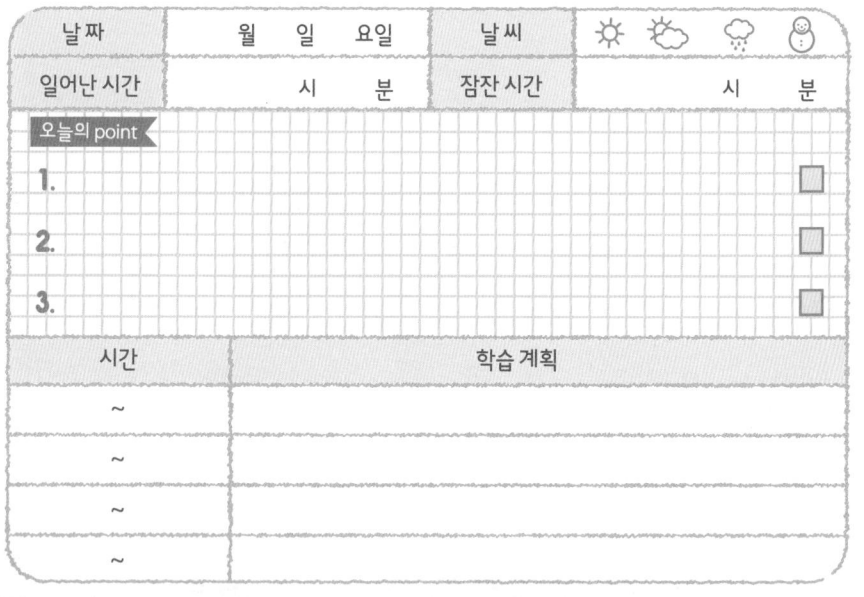

나의 생활 일기

어제의 학업 성취도 : **1** **2** **3** **4** **5**

날짜	월 일 요일	날씨	☼ ☁ ☂ ☃
일어난 시간	시 분	잠잔 시간	시 분

오늘의 point ▶

1.   □

2.   □

3.   □

시간	학습 계획
~	
~	
~	
~	

14 통분 (1)

소리내
읽기

분수의 분모를 같게 하는 것을 통분한다고 하며,
통분한 분모를 공통분모라고 합니다.

$$(\frac{1}{4} \diagup\!\!\!\!\diagdown \frac{5}{6})$$

분자와 분모에 같은 수를 곱하거나 나누어도
같으므로 두분수의 곱을 공통분모로 통분합니다.
서로의 분모를 분자와 분모에 곱해주면
통분이 됩니다.

➡ $(\frac{1 \times 6}{4 \times 6} , \frac{5 \times 4}{6 \times 4})$

➡ $(\frac{6}{24} , \frac{20}{24})$

소리내
풀기

위의 방법을 이용하여 다음 수를 통분해 보세요. (두 분모의 곱)

1 $(\frac{1}{3} , \frac{1}{4})$ (,) **5** $(\frac{1}{6} , \frac{5}{9})$ (,)

2 $(\frac{2}{5} , \frac{3}{4})$ (,) **6** $(\frac{3}{10} , \frac{4}{6})$ (,)

3 $(\frac{1}{4} , \frac{5}{6})$ (,) **7** $(\frac{3}{5} , \frac{2}{3})$ (,)

4 $(\frac{5}{8} , \frac{3}{4})$ (,) **8** $(\frac{4}{10} , \frac{1}{5})$ (,)

14 문제중 ◯ 문제 맞았어!

9 $\left(\dfrac{1}{2}, \dfrac{1}{4}\right)$ (,)　**12** $\left(\dfrac{1}{2}, \dfrac{5}{6}\right)$ (,)

10 $\left(\dfrac{2}{3}, \dfrac{3}{4}\right)$ (,)　**13** $\left(\dfrac{1}{3}, \dfrac{1}{6}\right)$ (,)

11 $\left(\dfrac{2}{5}, \dfrac{1}{6}\right)$ (,)　**14** $\left(\dfrac{1}{8}, \dfrac{5}{6}\right)$ (,)

 나의 생활 일기

어제의 학업 성취도 : **1 2 3 4 5**

날짜	월　일　요일	날씨	☀ ⛅ 🌧 ⛄
일어난 시간	시　분	잠잔 시간	시　분

오늘의 point ◀

1. ☐

2. ☐

3. ☐

시간	학습 계획
~	
~	
~	
~	

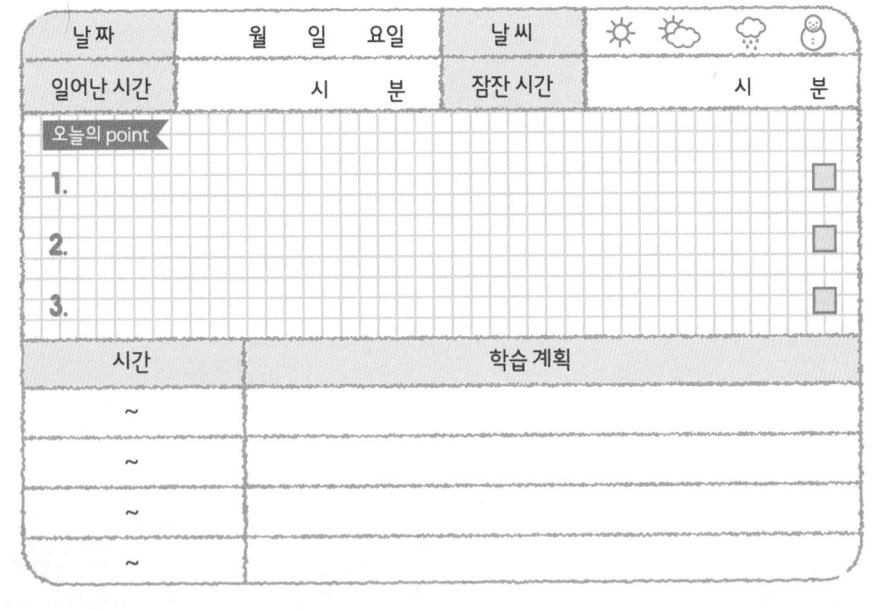

15 통분(2)

소리내
읽기

두 분모의 최소공배수를 공통분모로 통분하기

최소공배수를 공통분모로 하면,
쉽게 통분이 가능하고 분모와 분자가 작아서
계산이 복잡하지 않습니다.
최소공배수가 되기위한 수를 분자와 분모에
곱해줍니다.

$(\frac{1}{4} , \frac{5}{12})$ 4와 12의
최소공배수 12

➡ $(\frac{1 \times 3}{4 \times 3} , \frac{5}{12})$

➡ $(\frac{3}{12} , \frac{5}{12})$

소리내
풀기

위의 방법을 이용하여 다음 수를 통분해 보세요. (최소공배수 이용)

1 $(\frac{1}{3} , \frac{1}{6})$ $(\quad , \quad)$ **5** $(\frac{4}{9} , \frac{5}{27})$ $(\quad , \quad)$

2 $(\frac{3}{8} , \frac{3}{4})$ $(\quad , \quad)$ **6** $(\frac{3}{10} , \frac{7}{30})$ $(\quad , \quad)$

3 $(\frac{1}{2} , \frac{5}{6})$ $(\quad , \quad)$ **7** $(\frac{3}{16} , \frac{5}{8})$ $(\quad , \quad)$

4 $(\frac{11}{12} , \frac{1}{4})$ $(\quad , \quad)$ **8** $(\frac{16}{36} , \frac{1}{18})$ $(\quad , \quad)$

🚗 14 문제중 ⭕ 문제 맞았어!

9 $\left(\dfrac{1}{16} , \dfrac{1}{4} \right)$ (,   )   **11** $\left(\dfrac{1}{2} , \dfrac{5}{12} \right)$ (,   )

10 $\left(\dfrac{2}{3} , \dfrac{5}{18} \right)$ (,   )   **12** $\left(\dfrac{1}{36} , \dfrac{1}{6} \right)$ (,   )

활용문제

두 분수를 공통분모로 만드는 것을 통분한다고 합니다.
분모와 분자가 작은 수로 통분하면 계산이 쉬워집니다.
가장 작은 수로 통분하기 위한 방법은 무엇일까요?

(   )

최소공배수로 통분하면 두 분수의 공통분모 중 가장 작은 수를 만들 수가 있습니다.
가장 작은 수로 만들면 좋은 점을 쓰세요.

(   )

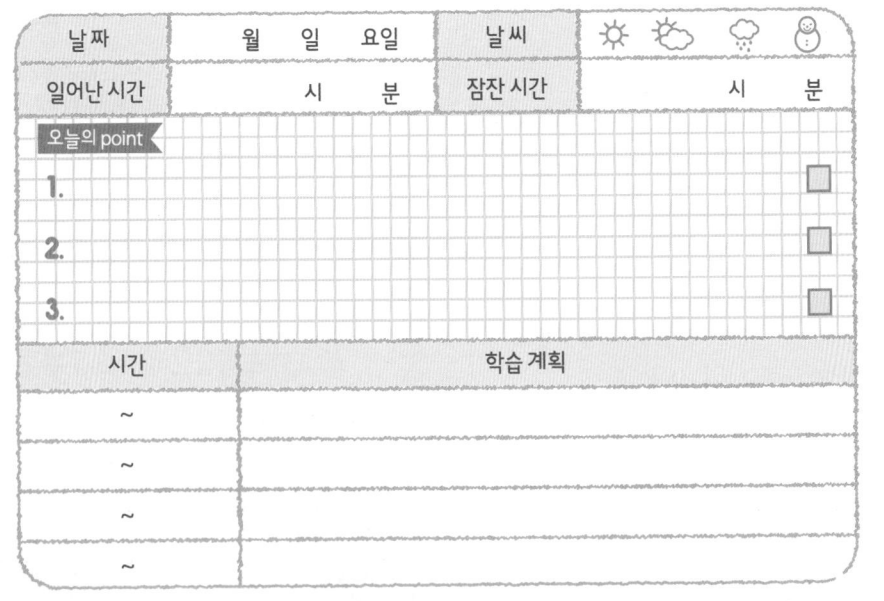

나의 생활 일기

어제의 학업 성취도 : **1 2 3 4 5**

날짜	월 일 요일	날씨	☀ ⛅ 🌧 ⛄
일어난 시간	시 분	잠잔 시간	시 분

오늘의 point

1.   ☐

2.   ☐

3.   ☐

시간	학습 계획
~	
~	
~	
~	

16 통분 (3)

두 분모의 최소공배수를 공통분모로 통분하기

최소공배수를 공통분모로 하면,
쉽게 통분이 가능하고 분모와 분자가 작아서
계산이 복잡하지 않습니다.
최소공배수가 되기위한 수를 분자와 분모에
곱해줍니다.

$\left(\dfrac{1}{6} , \dfrac{3}{8} \right)$ 6과 8의 최소공배수 24

$\Rightarrow \left(\dfrac{1 \times 4}{6 \times 4} , \dfrac{3 \times 3}{8 \times 3} \right)$

$\Rightarrow \left(\dfrac{4}{24} , \dfrac{9}{24} \right)$

위의 방법을 이용하여 다음 수를 통분해 보세요. (최소공배수 이용)

1 $\left(\dfrac{1}{4} , \dfrac{1}{6} \right)$ (,)

4 $\left(\dfrac{7}{8} , \dfrac{5}{12} \right)$ (,)

2 $\left(\dfrac{3}{8} , \dfrac{3}{6} \right)$ (,)

5 $\left(\dfrac{1}{12} , \dfrac{7}{15} \right)$ (,)

3 $\left(\dfrac{1}{10} , \dfrac{3}{4} \right)$ (,)

6 $\left(\dfrac{3}{10} , \dfrac{5}{14} \right)$ (,)

10 문제 중 문제 맞았기!

7 ($\dfrac{3}{10}$, $\dfrac{4}{15}$) (,   ) **9** ($\dfrac{1}{12}$, $\dfrac{5}{16}$) (,   )

8 ($\dfrac{3}{24}$, $\dfrac{5}{36}$) (,   ) **10** ($\dfrac{7}{30}$, $\dfrac{5}{12}$) (,   )

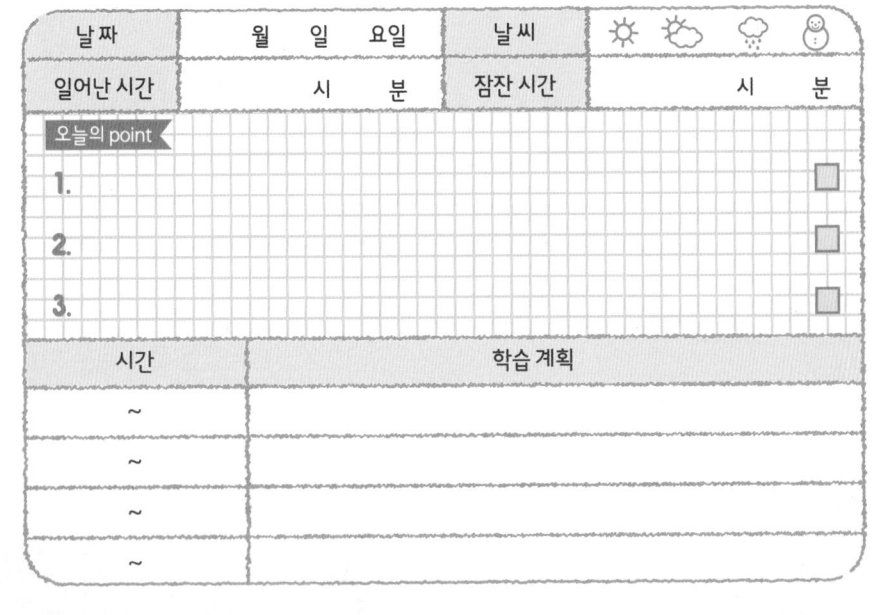

🐤 나의 생활 일기   어제의 학업 성취도 : **1 2 3 4 5**

날 짜	월 일 요일	날 씨	☀ ⛅ ☁ 🌧 ⛄
일어난 시간	시 분	잠잔 시간	시 분

오늘의 point

1. ☐

2. ☐

3. ☐

시간	학습 계획
~	
~	
~	
~	

17 분수의 크기(1)

통분을 하면 분수의 크기를 쉽게 알 수 있습니다.

통분을 하면 분모가 같아지므로,
분자가 큰 분수가 더 큰 분수입니다.
통분을 하거나, 약분을 하여 분수가 같아지면
크기를 쉽게 알 수 있습니다.

$$\left(\frac{1}{6} , \frac{3}{8} \right)$$

$$\Rightarrow \left(\frac{1 \times 4}{6 \times 4} , \frac{3 \times 3}{8 \times 3} \right)$$

$$\Rightarrow \left(\frac{4}{24} , \frac{9}{24} \right) \frac{9}{24} \rightarrow \frac{3}{8}$$ 이
더 큰 분수입니다.

( ) 안의 분수 중에 더 큰 분수를 ( )에 적으세요.

1 $\left(\dfrac{3}{4} , \dfrac{2}{6} \right)$ (   ) **5** $\left(\dfrac{7}{8} , \dfrac{5}{12} \right)$ (   )

2 $\left(\dfrac{5}{8} , \dfrac{3}{6} \right)$ (   ) **6** $\left(\dfrac{7}{12} , \dfrac{9}{24} \right)$ (   )

3 $\left(\dfrac{4}{5} , \dfrac{3}{4} \right)$ (   ) **7** $\left(\dfrac{2}{7} , \dfrac{5}{14} \right)$ (   )

4 $\left(\dfrac{3}{10} , \dfrac{7}{15} \right)$ (   ) **8** $\left(\dfrac{5}{8} , \dfrac{1}{24} \right)$ (   )

12 문제 중 ◯ 문제 맞았어!

33

9 ($\dfrac{3}{20}$, $\dfrac{4}{15}$) ( )　　**11** ($\dfrac{7}{12}$, $\dfrac{11}{16}$) ( )

10 ($\dfrac{9}{24}$, $\dfrac{11}{36}$) ( )　　**12** ($\dfrac{17}{35}$, $\dfrac{15}{42}$) ( )

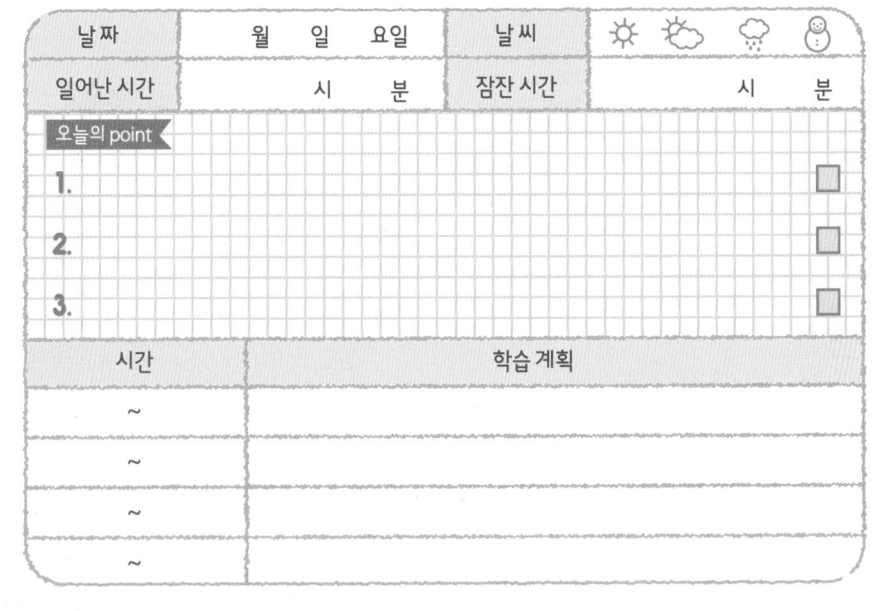

나의 생활 일기

어제의 학업 성취도 : 1　2　3　4　5

날짜	월　일　요일	날씨	☀　⛅　🌧　☃
일어난 시간	시　분	잠잔 시간	시　분

오늘의 point

1. ▢

2. ▢

3. ▢

시간	학습 계획
~	
~	
~	
~	

18 분수의 크기(2)

세 분수의 크기 비교
세 분모의 최소 공배수로 통분하여
분자가 큰 분수가 더 큰 분수입니다.
최소공배수는 나누기식을 이용하여 구합니다.
6,8,12의 최소공배수 24를 공통분모로
통분하여 분자가 큰 수가 더 큰 분수입니다.

$$\left(\frac{1}{6}, \frac{3}{8}, \frac{5}{12} \right)$$

$$\rightarrow \left(\frac{1 \times 4}{6 \times 4}, \frac{3 \times 3}{8 \times 3}, \frac{5 \times 2}{12 \times 2} \right)$$

$$\rightarrow \left(\frac{4}{24}, \frac{9}{24}, \frac{10}{24} \right)$$

( ) 안의 분수 중에 제일 큰 분수를 ( )에 적으세요.

1 $\left(\dfrac{3}{4}, \dfrac{2}{6}, \dfrac{5}{12} \right)$ ( )   **4** $\left(\dfrac{2}{12}, \dfrac{1}{2}, \dfrac{1}{6} \right)$ ( )

2 $\left(\dfrac{7}{10}, \dfrac{13}{15}, \dfrac{4}{5} \right)$ ( )   **5** $\left(\dfrac{3}{4}, \dfrac{13}{16}, \dfrac{5}{8} \right)$ ( )

3 $\left(\dfrac{2}{9}, \dfrac{5}{12}, \dfrac{1}{6} \right)$ ( )   **6** $\left(\dfrac{5}{12}, \dfrac{1}{3}, \dfrac{4}{9} \right)$ ( )

7 $\left(\dfrac{3}{4}, \dfrac{5}{6}, \dfrac{15}{24} \right)$ (   )   **9** $\left(\dfrac{2}{6}, \dfrac{3}{8}, \dfrac{5}{24} \right)$ (   )

8 $\left(\dfrac{7}{12}, \dfrac{5}{15}, \dfrac{4}{30} \right)$ (   )   **10** $\left(\dfrac{11}{35}, \dfrac{3}{10}, \dfrac{2}{7} \right)$ (   )

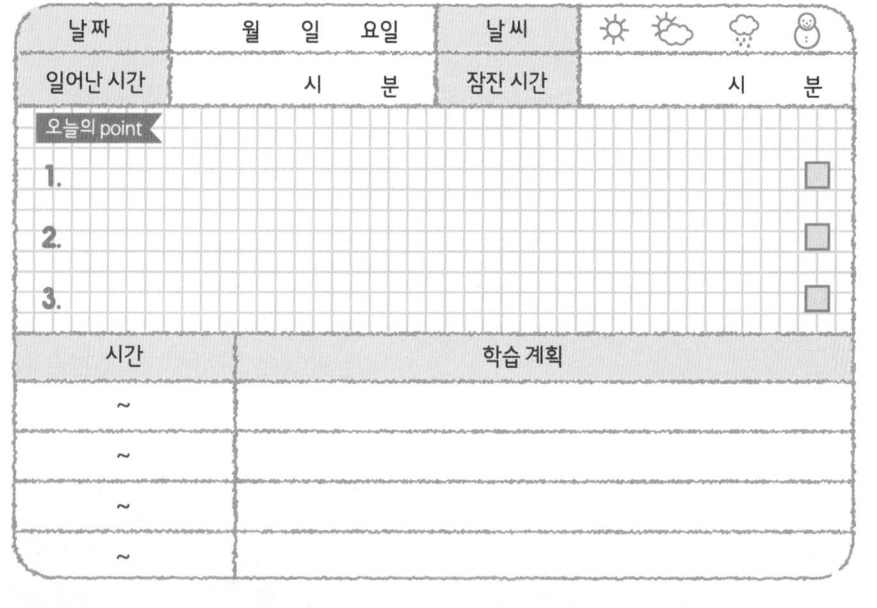

나의 생활 일기

어제의 학업 성취도 : 1   2   3   4   5

날짜	월 일 요일	날씨	☀ ⛅ 🌧 ⛄
일어난 시간	시 분	잠잔 시간	시 분

오늘의 point

1.   ☐

2.   ☐

3.   ☐

시간	학습 계획
~	
~	
~	
~	

19 분수의 크기(연습1)

소리내
풀기

( ) 안의 분수를 통분하여 제일 큰 분수를 찾아 ( )에 적으세요.

1 ($\frac{1}{4}$, $\frac{3}{16}$, $\frac{2}{12}$) (   )

5 ($\frac{3}{4}$, $\frac{4}{5}$, $\frac{5}{8}$) (   )

2 ($\frac{4}{10}$, $\frac{5}{12}$, $\frac{3}{5}$) (   )

6 ($\frac{3}{4}$, $\frac{12}{16}$, $\frac{7}{8}$) (   )

3 ($\frac{2}{5}$, $\frac{5}{12}$, $\frac{1}{6}$) (   )

7 ($\frac{5}{12}$, $\frac{1}{6}$, $\frac{4}{9}$) (   )

4 ($\frac{21}{24}$, $\frac{11}{12}$, $\frac{5}{6}$) (   )

8 ($\frac{13}{24}$, $\frac{9}{16}$, $\frac{5}{8}$) (   )

12 문제 중 ◯ 문제 맞았어!

9 ($\dfrac{1}{2}$, $\dfrac{3}{4}$, $\dfrac{2}{12}$) (   ) **11** ($\dfrac{3}{8}$, $\dfrac{4}{10}$, $\dfrac{3}{5}$) (   )

10 ($\dfrac{2}{3}$, $\dfrac{5}{12}$, $\dfrac{3}{6}$) (   ) **12** ($\dfrac{7}{12}$, $\dfrac{13}{24}$, $\dfrac{5}{8}$) (   )

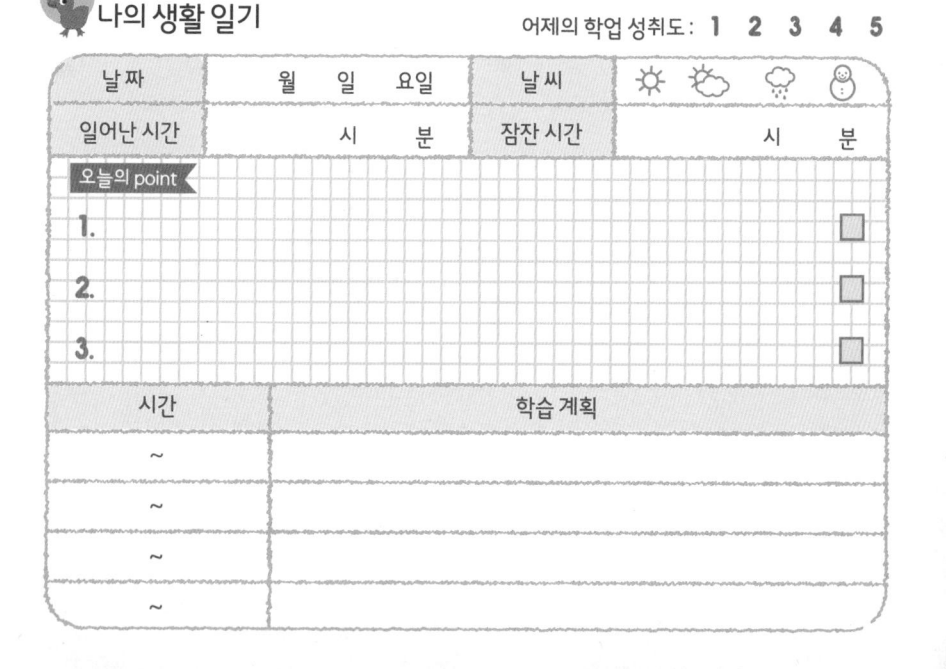

나의 생활 일기

어제의 학업 성취도 : **1 2 3 4 5**

날짜	월 일 요일	날씨	☀ ⛅ 🌧 ⛄
일어난 시간	시 분	잠잔 시간	시 분

오늘의 point

1. ☐
2. ☐
3. ☐

시간	학습 계획
~	
~	
~	
~	

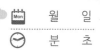

20 분수의 크기 (연습2)

 ( ) 안의 분수를 통분하여 제일 큰 분수를 찾아 ( )에 적으세요.

1 ($\dfrac{1}{4}$, $\dfrac{3}{2}$, $\dfrac{2}{8}$) (   ) **5** ($\dfrac{1}{3}$, $\dfrac{4}{9}$, $\dfrac{5}{27}$) (   )

2 ($\dfrac{1}{4}$, $\dfrac{5}{16}$, $\dfrac{3}{8}$) (   ) **6** ($\dfrac{7}{8}$, $\dfrac{3}{4}$, $\dfrac{6}{7}$) (   )

3 ($\dfrac{2}{10}$, $\dfrac{4}{15}$, $\dfrac{1}{5}$) (   ) **7** ($\dfrac{5}{18}$, $\dfrac{1}{3}$, $\dfrac{4}{9}$) (   )

4 ($\dfrac{21}{28}$, $\dfrac{11}{14}$, $\dfrac{5}{7}$) (   ) **8** ($\dfrac{19}{36}$, $\dfrac{5}{8}$, $\dfrac{11}{18}$) (   )

12 문제 중 ◯ 문제 맞았어!

9 $\left(\dfrac{1}{3},\ \dfrac{3}{4},\ \dfrac{2}{6} \right)$ (   )   **11** $\left(\dfrac{3}{6},\ \dfrac{4}{20},\ \dfrac{3}{12} \right)$ (   )

10 $\left(\dfrac{2}{4},\ \dfrac{5}{14},\ \dfrac{3}{8} \right)$ (   )   **12** $\left(\dfrac{5}{12},\ \dfrac{13}{24},\ \dfrac{17}{20} \right)$ (   )

 나의 생활 일기   어제의 학업 성취도 : **1 2 3 4 5**

날짜	월 일 요일	날씨	☀ ⛅ 🌧 ☃
일어난 시간	시 분	잠잔 시간	시 분

오늘의 point ▶

1. ☐

2. ☐

3. ☐

시간	학습 계획
~	
~	
~	
~	

21 진분수의 덧셈(1)

Mon 월 일
분 초

분모가 다른 진분수의 덧셈

두 분모의 최소공배수를 공통분모로 하여
통분하여 계산합니다. 분모가 같은 분수가
되었기 때문에 분자만 더해줍니다.

➡ 앞으로 모든 계산의 답이 가분수이면 대분수로
바꿔주고, 약분이 가능하면 기약분수로 만들어야 합니다

$$\left(\frac{2}{3}, \frac{2}{5}\right) \rightarrow \left(\frac{10}{15}, \frac{6}{15}\right)$$

$$\frac{2}{3} + \frac{2}{5} = \frac{10}{15} + \frac{6}{15}$$

$$= \frac{16}{15} = 1\frac{1}{15}$$

위의 방법을 이해하고 아래 분수를 계산해 보세요.

1 $\frac{1}{4} + \frac{1}{6} =$

5 $\frac{1}{2} + \frac{2}{3} =$

2 $\frac{1}{4} + \frac{2}{3} =$

6 $\frac{7}{8} + \frac{3}{5} =$

3 $\frac{3}{7} + \frac{2}{5} =$

7 $\frac{5}{6} + \frac{4}{9} =$

4 $\frac{3}{7} + \frac{1}{3} =$

8 $\frac{5}{6} + \frac{2}{5} =$

12 문제 중 〇 문제 맞았어!

41

9 $\dfrac{5}{8} + \dfrac{5}{6} =$

11 $\dfrac{5}{48} + \dfrac{5}{16} =$

10 $\dfrac{9}{20} + \dfrac{8}{15} =$

12 $\dfrac{1}{21} + \dfrac{3}{14} =$

 나의 생활 일기

어제의 학업 성취도 : **1 2 3 4 5**

날짜	월 일 요일	날씨	
일어난 시간	시 분	잠잔 시간	시 분

오늘의 point

1. ☐

2. ☐

3. ☐

시간	학습 계획
~	
~	
~	
~	

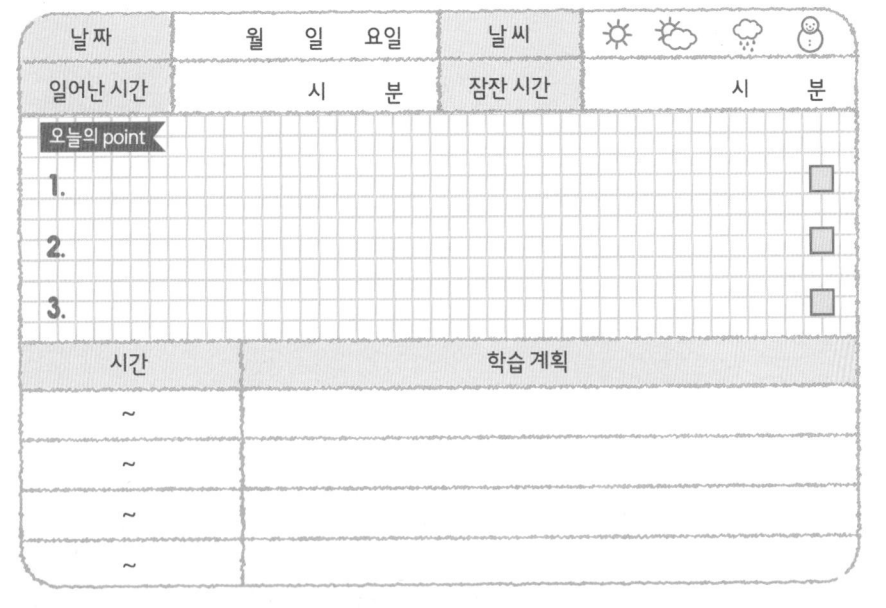

소리내 읽기

분모가 다른 진분수의 덧셈

두 분모의 최소공배수를 공통분모로 하여
통분하여 계산합니다. 분모가 같은 분수가
되었기 때문에 분자만 더해줍니다.

➡ 앞으로 모든 계산의 답을 가분수나
　약분가능한 분수로 적으면 틀린 답이 됩니다.

$$(\frac{1}{2} , \frac{1}{6}) \rightarrow (\frac{3}{6} , \frac{1}{6})$$

$$\frac{1}{2} + \frac{1}{6} = \frac{3}{6} + \frac{1}{6}$$

$$= \frac{\overset{2}{\cancel{4}}}{\underset{3}{\cancel{6}}} = \frac{2}{3}$$

소리내 풀기

위의 방법을 이해하고 아래 분수를 계산해 보세요.

1 $\frac{1}{3} + \frac{1}{6} =$

5 $\frac{1}{4} + \frac{1}{12} =$

2 $\frac{2}{3} + \frac{7}{12} =$

6 $\frac{3}{8} + \frac{11}{12} =$

3 $\frac{1}{3} + \frac{4}{15} =$

7 $\frac{4}{15} + \frac{5}{6} =$

4 $\frac{3}{8} + \frac{1}{40} =$

8 $\frac{4}{15} + \frac{3}{10} =$

🚗 12 문제 중 ⭕ 문제 맞았어!

9 $\dfrac{1}{8} + \dfrac{1}{6} =$

11 $\dfrac{3}{48} + \dfrac{1}{16} =$

10 $\dfrac{1}{20} + \dfrac{4}{15} =$

12 $\dfrac{9}{21} + \dfrac{3}{14} =$

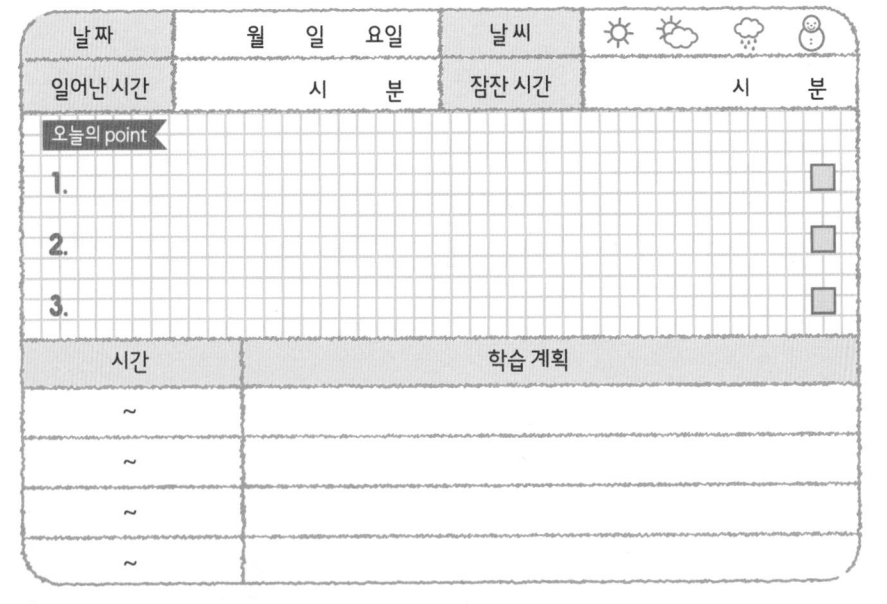

나의 생활 일기

어제의 학업 성취도 : **1   2   3   4   5**

날짜	월 일 요일	날씨	☀ ⛅ 🌧 ⛄
일어난 시간	시 분	잠잔 시간	시 분

오늘의 point

1.

2.

3.

시간	학습 계획
~	
~	
~	
~	

소리내
풀기

위의 방법을 이해하고 아래 분수를 계산해 보세요.

1 $\dfrac{1}{3} + \dfrac{2}{5} =$

6 $\dfrac{1}{9} + \dfrac{1}{2} =$

2 $\dfrac{1}{7} + \dfrac{3}{4} =$

7 $\dfrac{3}{4} + \dfrac{5}{8} =$

3 $\dfrac{5}{6} + \dfrac{3}{8} =$

8 $\dfrac{1}{5} + \dfrac{3}{10} =$

4 $\dfrac{1}{6} + \dfrac{2}{15} =$

9 $\dfrac{7}{12} + \dfrac{3}{4} =$

5 $\dfrac{3}{10} + \dfrac{1}{40} =$

10 $\dfrac{1}{12} + \dfrac{3}{4} =$

14 문제 중 ◯ 문제 맞았어!

11 $\dfrac{1}{7} + \dfrac{3}{5} =$

13 $\dfrac{9}{24} + \dfrac{5}{16} =$

12 $\dfrac{1}{9} + \dfrac{4}{15} =$

14 $\dfrac{2}{27} + \dfrac{7}{18} =$

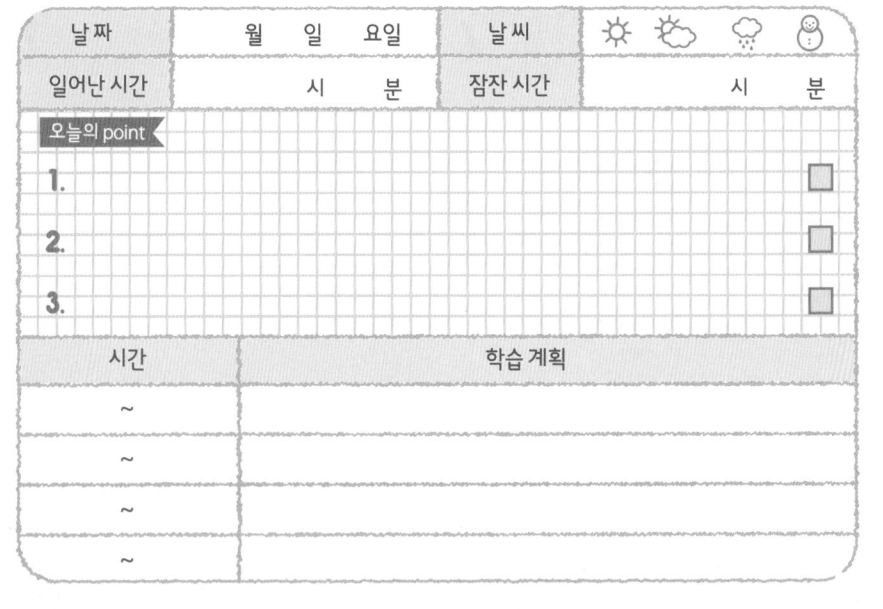

나의 생활 일기

어제의 학업 성취도 : **1 2 3 4 5**

날짜	월 일 요일	날씨	☀ ⛅ 🌧 ⛄
일어난 시간	시 분	잠잔 시간	시 분

오늘의 point

1. ☐

2. ☐

3. ☐

시간	학습 계획
~	
~	
~	
~	

소리내 풀기

위의 방법을 이해하고 아래 분수를 계산해 보세요.

1 $\dfrac{3}{4} + \dfrac{1}{6} =$

6 $\dfrac{1}{9} + \dfrac{7}{12} =$

2 $\dfrac{5}{9} + \dfrac{7}{12} =$

7 $\dfrac{5}{12} + \dfrac{1}{5} =$

3 $\dfrac{2}{3} + \dfrac{5}{9} =$

8 $\dfrac{1}{6} + \dfrac{1}{3} =$

4 $\dfrac{3}{5} + \dfrac{7}{20} =$

9 $\dfrac{3}{7} + \dfrac{3}{21} =$

5 $\dfrac{7}{15} + \dfrac{2}{9} =$

10 $\dfrac{5}{6} + \dfrac{1}{4} =$

11 $\dfrac{2}{18} + \dfrac{3}{8} =$

13 $\dfrac{6}{35} + \dfrac{9}{14} =$

12 $\dfrac{5}{12} + \dfrac{7}{16} =$

14 $\dfrac{3}{4} + \dfrac{1}{14} =$

 ### 나의 생활 일기

어제의 학업 성취도 : **1   2   3   4   5**

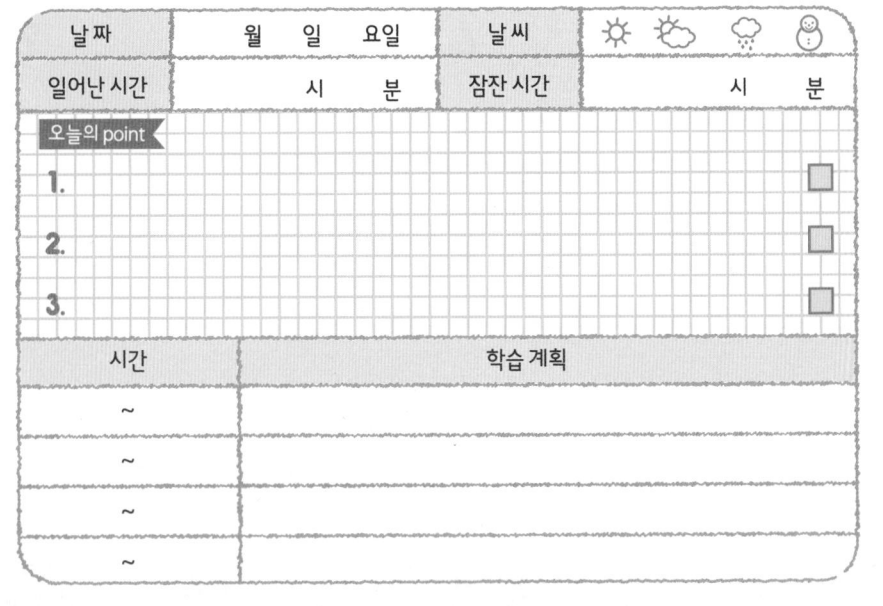

날 짜	월 일 요일	날 씨	☀ ⛅ 🌧 ⛄
일어난 시간	시 분	잠잔 시간	시 분

오늘의 point

1. ☐

2. ☐

3. ☐

시간	학습 계획
~	
~	
~	
~	

 # 25 진분수의 뺄셈(1)

분모가 다른 진분수의 뺄셈

두 분모의 최소공배수를 공통분모로 하여
통분하여 계산합니다. 분모가 같은 분수가
되었기 때문에 분자만 빼 줍니다.

➡ 답이 가분수이면 대분수로 바꿔주고,
약분이 가능하면 기약분수로 만들어야 합니다

$$\left(\frac{2}{3}, \frac{2}{5}\right) \rightarrow \left(\frac{10}{15}, \frac{6}{15}\right)$$

$$\frac{2}{3} - \frac{2}{5} = \frac{10}{15} - \frac{6}{15}$$

$$= \frac{4}{15}$$

 위의 방법을 이해하고 아래 분수를 계산해 보세요.

1 $\dfrac{1}{3} - \dfrac{1}{5} =$

5 $\dfrac{3}{4} - \dfrac{1}{3} =$

2 $\dfrac{5}{6} - \dfrac{1}{3} =$

6 $\dfrac{7}{8} - \dfrac{3}{4} =$

3 $\dfrac{2}{3} - \dfrac{4}{9} =$

7 $\dfrac{4}{5} - \dfrac{8}{15} =$

4 $\dfrac{3}{7} - \dfrac{1}{21} =$

8 $\dfrac{5}{6} - \dfrac{3}{18} =$

 12 문제 중 ⭕ *문제 맞히기!*

9 $\dfrac{5}{6} - \dfrac{3}{8} =$

11 $\dfrac{15}{16} - \dfrac{3}{8} =$

10 $\dfrac{7}{12} - \dfrac{1}{6} =$

12 $\dfrac{3}{4} - \dfrac{2}{7} =$

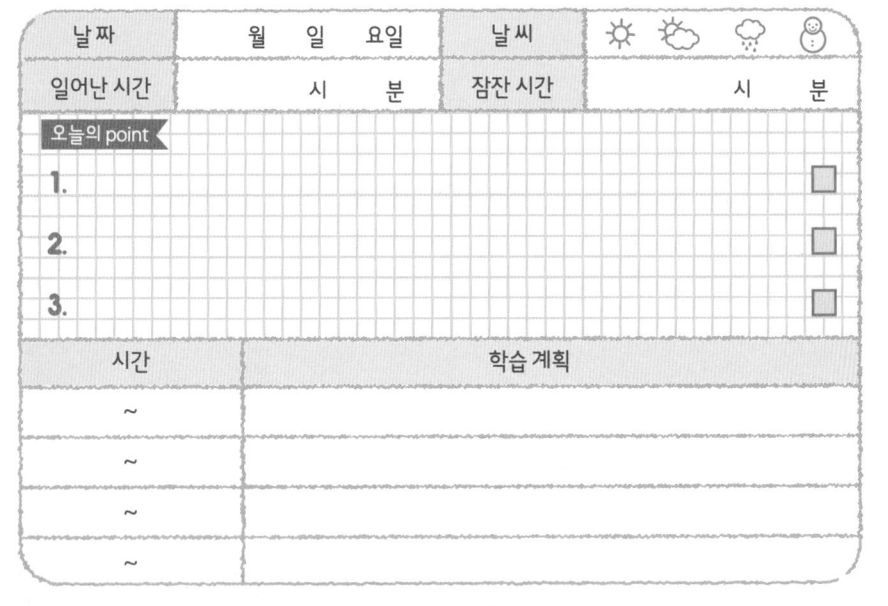

나의 생활 일기

어제의 학업 성취도 : **1 2 3 4 5**

날짜	월 일 요일	날씨	☀ ⛅ 🌧 ⛄
일어난 시간	시 분	잠잔 시간	시 분

오늘의 point

1. ☐

2. ☐

3. ☐

시간	학습 계획
~	
~	
~	
~	

소리내 읽기

분모가 다른 진분수의 뺄셈

두 분모의 최소공배수를 공통분모로 하여
통분하여 계산합니다. 분모가 같은 분수가
되었기 때문에 분자만 빼 줍니다.

➡ 답을 가분수나 약분가능한 분수로 적으면
틀린 답이 됩니다. 문제를 끝까지 다 안푼것입니다.

$$\left(\frac{1}{2}, \frac{3}{10}\right) \Rightarrow \left(\frac{5}{10}, \frac{3}{10}\right)$$

$$\frac{1}{2} - \frac{3}{10} = \frac{5}{10} - \frac{3}{10}$$

$$= \frac{2^{1}}{10_{5}} = \frac{1}{5}$$

소리내 풀기

위의 방법을 이해하고 아래 분수를 계산해 보세요.

1 $\dfrac{1}{3} - \dfrac{1}{6} =$

5 $\dfrac{9}{10} - \dfrac{1}{2} =$

2 $\dfrac{3}{4} - \dfrac{5}{12} =$

6 $\dfrac{4}{5} - \dfrac{3}{10} =$

3 $\dfrac{5}{6} - \dfrac{2}{15} =$

7 $\dfrac{14}{15} - \dfrac{5}{6} =$

4 $\dfrac{3}{8} - \dfrac{1}{40} =$

8 $\dfrac{11}{15} - \dfrac{3}{5} =$

12 문제중 ◯ 문제 맞았어!

나의 생활 일기

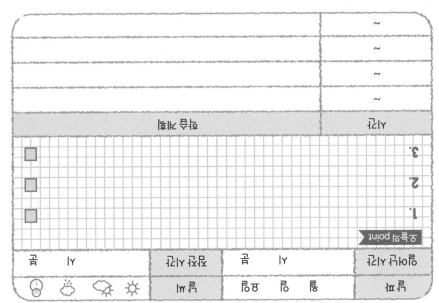

날짜				날씨	
월	일	요일		☀ ☁ ☔ ☃	

| 일어난 시간 | | 시 | 분 | 잠잔 시간 | 시 | 분 |

오늘의 point

1. ☐
2. ☐
3. ☐

시간	하루 계획
~	
~	
~	
~	

---

9 $\dfrac{5}{8} - \dfrac{1}{9} =$

10 $\dfrac{13}{20} - \dfrac{7}{15} =$

11 $\dfrac{15}{48} - \dfrac{12}{72} =$

12 $\dfrac{12}{21} - \dfrac{3}{14} =$

소리내 풀기

위의 방법을 이해하고 아래 분수를 계산해 보세요.

1 $\dfrac{1}{2} - \dfrac{1}{5} =$

6 $\dfrac{5}{7} - \dfrac{1}{3} =$

2 $\dfrac{8}{9} - \dfrac{2}{3} =$

7 $\dfrac{5}{8} - \dfrac{1}{4} =$

3 $\dfrac{5}{6} - \dfrac{3}{8} =$

8 $\dfrac{7}{9} - \dfrac{5}{12} =$

4 $\dfrac{1}{2} - \dfrac{1}{6} =$

9 $\dfrac{7}{12} - \dfrac{1}{3} =$

5 $\dfrac{5}{8} - \dfrac{7}{24} =$

10 $\dfrac{13}{14} - \dfrac{1}{6} =$

14 문제 중 ◯ 문제 맞았어!

11 $\dfrac{5}{7} - \dfrac{2}{5} =$

13 $\dfrac{9}{24} - \dfrac{3}{16} =$

12 $\dfrac{7}{9} - \dfrac{4}{15} =$

14 $\dfrac{14}{27} - \dfrac{7}{18} =$

 나의 생활 일기

어제의 학업 성취도 : **1 2 3 4 5**

날짜	월 일 요일	날씨	☀ ⛅ ☁ ⛄
일어난 시간	시 분	잠잔 시간	시 분

오늘의 point ◀

1. ☐

2. ☐

3. ☐

시간	학습 계획
~	
~	
~	
~	

위의 방법을 이해하고 아래 분수를 계산해 보세요.

1 $\dfrac{2}{3} - \dfrac{1}{4} =$

6 $\dfrac{5}{8} - \dfrac{1}{6} =$

2 $\dfrac{17}{18} - \dfrac{5}{6} =$

7 $\dfrac{5}{12} - \dfrac{1}{4} =$

3 $\dfrac{2}{3} - \dfrac{5}{12} =$

8 $\dfrac{19}{30} - \dfrac{2}{5} =$

4 $\dfrac{3}{8} - \dfrac{3}{20} =$

9 $\dfrac{7}{36} - \dfrac{1}{18} =$

5 $\dfrac{7}{15} - \dfrac{1}{6} =$

10 $\dfrac{9}{28} - \dfrac{1}{8} =$

14 문제 중 ◯ 문제 맞았어!

55

11 $\dfrac{5}{18} - \dfrac{1}{8} =$

13 $\dfrac{26}{35} - \dfrac{9}{14} =$

12 $\dfrac{9}{16} - \dfrac{5}{12} =$

14 $\dfrac{3}{4} - \dfrac{3}{14} =$

 나의 생활 일기

어제의 학업 성취도 : **1 2 3 4 5**

날짜	월 일 요일	날씨	☀ ⛅ 🌧 ⛄
일어난 시간	시 분	잠잔 시간	시 분

오늘의 point

1. ☐

2. ☐

3. ☐

시간	학습 계획
~	
~	
~	
~	

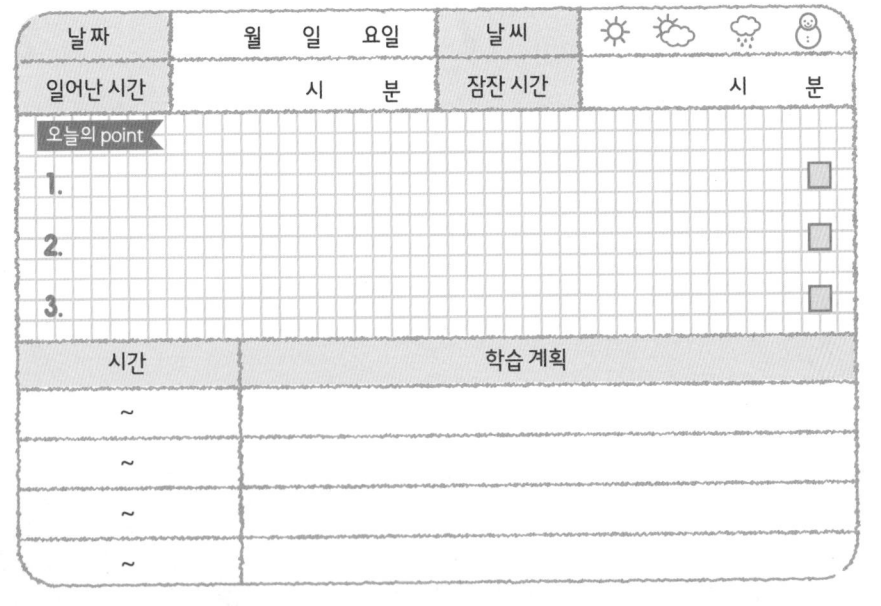

29 대분수의 덧셈

분모가 다른 대분수의 덧셈

자연수 부분은 자연수 끼리 더합니다.
분수 부분은 분수 끼리 통분하여 더합니다.
분수 부분이 가분수이면 자연수로 올려줍니다.

➡ 분수부분이 가분수이면 대분수로 바꿔주고,
약분이 가능하면 기약분수로 만들어야 합니다.

$$\left(\frac{1}{4}, \frac{1}{6}\right) \Rightarrow \left(\frac{3}{12}, \frac{2}{12}\right)$$

$$1\frac{1}{4} + 2\frac{1}{6} = (1+2) + \left(\frac{1}{4} + \frac{1}{6}\right)$$

$$= 3 + \left(\frac{3}{12} + \frac{2}{12}\right) = 3\frac{5}{12}$$

위의 방법을 이해하고 아래 분수를 계산해 보세요.

1 $1\frac{1}{2} + 2\frac{2}{5} =$

4 $2\frac{2}{3} + 4\frac{1}{6} =$

2 $2\frac{1}{4} + 1\frac{2}{9} =$

5 $3\frac{1}{3} + 2\frac{1}{5} =$

3 $3\frac{1}{4} + 2\frac{3}{8} =$

6 $4\frac{1}{3} + 1\frac{1}{6} =$

10 문제 중 ◯ 문제 맞았기!

57

7 $1\dfrac{1}{2} + 2\dfrac{1}{4} =$

9 $2\dfrac{5}{16} + 4\dfrac{1}{8} =$

8 $2\dfrac{1}{4} + 2\dfrac{3}{16} =$

10 $3\dfrac{1}{5} + 2\dfrac{1}{15} =$

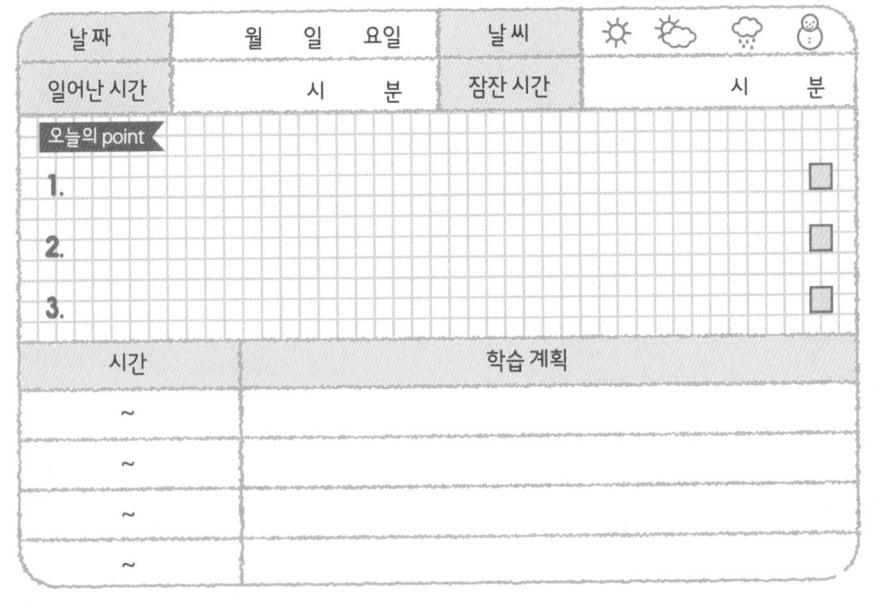

나의 생활 일기

어제의 학업 성취도 : **1 2 3 4 5**

날 짜	월 일 요일	날 씨	☀ ⛅ 🌧 ⛄
일어난 시간	시 분	잠잔 시간	시 분

오늘의 point

1.

2.

3.

시간	학습 계획
~	
~	
~	
~	

30 대분수의 뺄셈(1)

 분모가 다른 대분수의 뺄셈

자연수 부분은 자연수끼리 뺍니다.

분수 부분은 분수 끼리 통분하여 뺍니다.

분수 부분이 가분수이면 자연수로 올려줍니다.

➡ 분수부분이 가분수이면 대분수로 바꿔주고,
   약분이 가능하면 기약분수로 만들어야 합니다

$$\left(\frac{1}{4},\ \frac{1}{6} \right) \rightarrow \left(\frac{3}{12},\ \frac{2}{12} \right)$$

$$3\frac{1}{4} - 2\frac{1}{6} = (3-2) + \left(\frac{1}{4} - \frac{1}{6} \right)$$

$$= 1 + \left(\frac{3}{12} - \frac{2}{12} \right) = 1\frac{1}{12}$$

 위의 방법을 이해하고 아래 분수를 계산해 보세요.

1 $2\frac{1}{2} - 1\frac{1}{3} =$

4 $4\frac{3}{5} - 3\frac{2}{7} =$

2 $3\frac{3}{4} - 1\frac{5}{8} =$

5 $4\frac{7}{8} - 2\frac{1}{6} =$

3 $3\frac{7}{9} - 2\frac{1}{3} =$

6 $2\frac{1}{4} - 1\frac{1}{6} =$

7 $3\dfrac{1}{2} - 2\dfrac{1}{4} =$

9 $5\dfrac{5}{16} - 1\dfrac{1}{8} =$

8 $4\dfrac{3}{4} - 2\dfrac{3}{16} =$

10 $3\dfrac{3}{5} - 2\dfrac{4}{15} =$

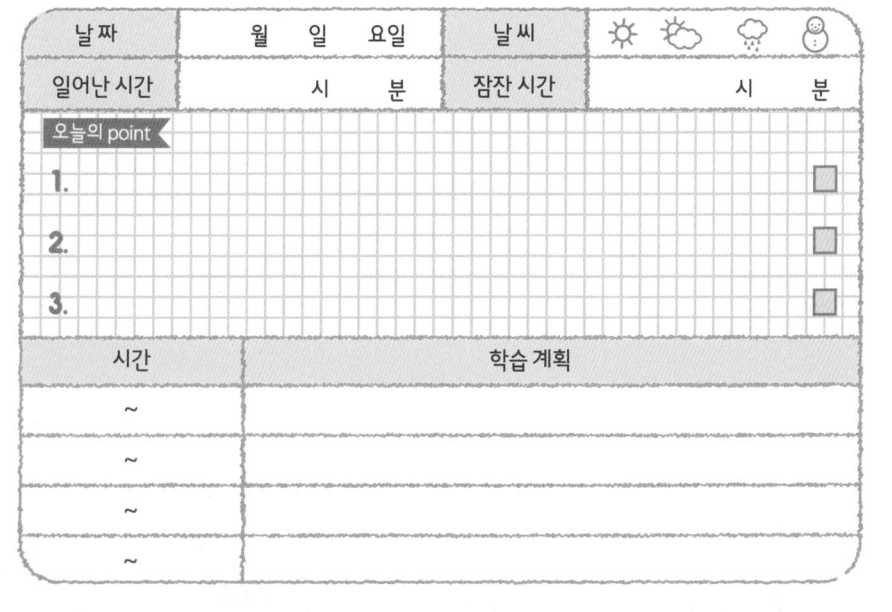

나의 생활 일기

어제의 학업 성취도 : **1 2 3 4 5**

날짜	월 일 요일	날씨	☀ ⛅ 🌧 ⛄
일어난 시간	시 분	잠잔 시간	시 분

오늘의 point

1. ☐

2. ☐

3. ☐

시간	학습 계획
~	
~	
~	
~	

31 대분수의 뺄셈(2)

분수부분끼리 뺄수 없을때는 자연수부분에서 1을 받아내림 해서 뺄셈을 합니다.

두분수를 통분하여, 분수부분끼리 뺄 수 없을때는 자연수부분에서 1을 받아내림 해서, 자연수끼리 빼고, 분수끼리 뺄셈을 합니다.

$$\left(\frac{1}{6}, \frac{1}{4}\right) \Rightarrow \left(\frac{2}{12}, \frac{3}{12}\right)$$

$\frac{2}{12}$ 에서 $\frac{3}{12}$ 을 뺄수 없음.

$$4\frac{1}{6} - 2\frac{1}{4} = 3\frac{7}{6} - 2\frac{1}{4} = (3-2) + \left(\frac{7}{6} - \frac{1}{4}\right)$$

$$= 1 + \left(\frac{14}{12} - \frac{3}{12}\right) = 1\frac{11}{12}$$

위와 같은 방법으로 자연수에서 1을 받아 분수를 계산해 보세요.

1 $2\frac{1}{6} - 1\frac{4}{5} =$

4 $4\frac{3}{5} - 3\frac{14}{15} =$

2 $3\frac{1}{4} - 1\frac{7}{12} =$

5 $4\frac{3}{8} - 2\frac{5}{6} =$

3 $3\frac{2}{9} - 2\frac{11}{15} =$

6 $2\frac{3}{8} - 1\frac{7}{12} =$

7 $5\dfrac{3}{8} - 3\dfrac{1}{2} =$

9 $3\dfrac{5}{12} - 1\dfrac{5}{6} =$

8 $3\dfrac{1}{4} - 1\dfrac{5}{16} =$

10 $4\dfrac{1}{5} - 2\dfrac{7}{15} =$

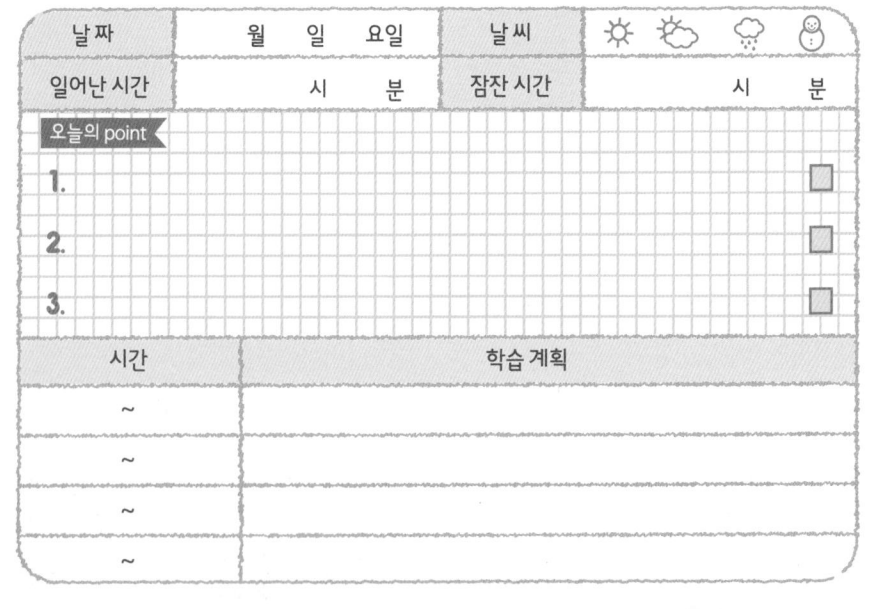

나의 생활 일기

어제의 학업 성취도 : **1 2 3 4 5**

날짜	월 일 요일		날씨	☀ ⛅ ☁ ☃
일어난 시간	시 분		잠잔 시간	시 분

오늘의 point

1.   ☐

2.   ☐

3.   ☐

시간	학습 계획
~	
~	
~	
~	

대분수를 가분수로 고쳐서 계산하기

두 분수를 가분수로 고친 다음 분모의 최소공배수로 통분하여 계산하고
계산 결과가 가분수이면 대분수로 고쳐줍니다.

$$\left(\frac{1}{2}, \frac{4}{5}\right) \rightarrow \left(\frac{5}{10}, \frac{8}{10}\right)$$

$\frac{5}{10}$에서 $\frac{8}{10}$을 뺄수 없음.

$$4\frac{1}{2} - 2\frac{4}{5} = \frac{9}{2} - \frac{14}{5}$$

$$= \frac{45}{10} - \frac{28}{10} = \frac{17}{10} = 1\frac{7}{10}$$

위와 같이 모두 가분수로 만들어 아래 분수를 계산해 보세요.

1 $2\frac{1}{6} - 1\frac{1}{2} =$

4 $4\frac{3}{5} - 3\frac{9}{10} =$

2 $3\frac{1}{4} - 1\frac{7}{12} =$

5 $3\frac{3}{8} - 1\frac{5}{6} =$

3 $3\frac{2}{9} - 2\frac{5}{6} =$

6 $2\frac{3}{8} - 1\frac{7}{12} =$

🚗 10 문제중 ⭕ 문제 맞았어!

7 $5\frac{3}{8} - 3\frac{1}{2} =$

8 $3\frac{1}{4} - 1\frac{5}{16} =$

9 $3\frac{5}{12} - 1\frac{5}{6} =$

10 $4\frac{1}{5} - 2\frac{7}{15} =$

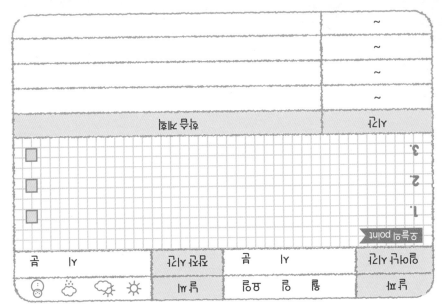

나의 생활 일기

오늘의 학원 상황도 : 1 2 3 4 5

날짜	월 일 요일	날씨	☀ ☁ ☂ ☺
영어시간	시 분	취침 시간	시 분

오늘의 point

1.
2.
3.

시간	하루 계획
~	
~	
~	
~	

33 대분수의 계산 (연습)

위의 방법을 이해하고 아래 분수를 계산해 보세요.

1 $2\dfrac{1}{6} + 1\dfrac{1}{2} =$

5 $4\dfrac{3}{4} - 3\dfrac{1}{5} =$

2 $3\dfrac{1}{4} + 1\dfrac{7}{12} =$

6 $3\dfrac{5}{6} - 1\dfrac{4}{15} =$

3 $3\dfrac{2}{9} + 2\dfrac{2}{3} =$

7 $2\dfrac{7}{12} - 1\dfrac{5}{9} =$

4 $5\dfrac{3}{8} + 3\dfrac{1}{2} =$

8 $3\dfrac{1}{14} - 1\dfrac{3}{8} =$

12 문제 중 ◯ 문제 맞았어!

9 $5\dfrac{1}{3} - 3\dfrac{1}{9} =$

11 $3\dfrac{5}{12} - 1\dfrac{3}{4} =$

10 $3\dfrac{2}{9} - 1\dfrac{5}{12} =$

12 $4\dfrac{1}{20} - 2\dfrac{7}{15} =$

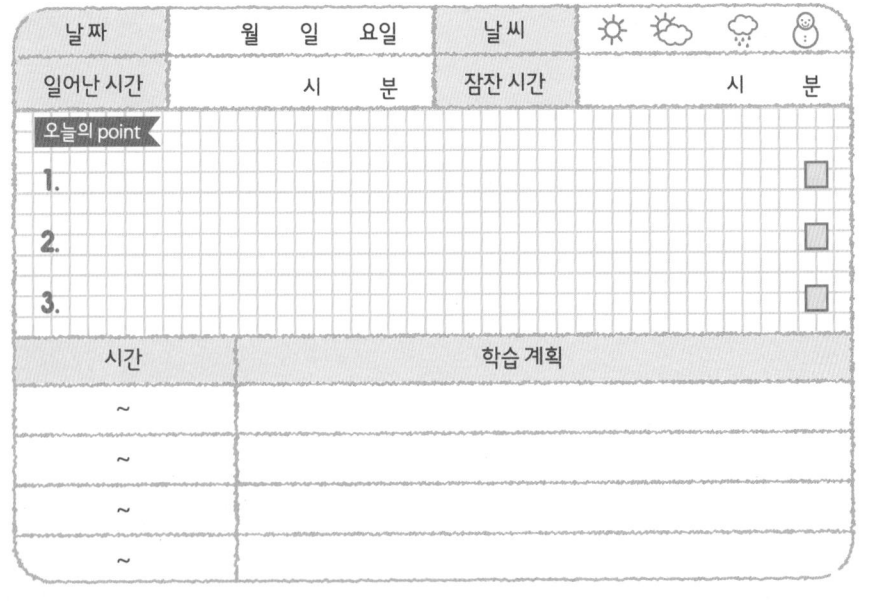

나의 생활 일기

어제의 학업 성취도 : **1 2 3 4 5**

날짜	월 일 요일	날 씨	☼ ⛅ ☁ ⛄
일어난 시간	시 분	잠잔 시간	시 분

오늘의 point

1. ☐

2. ☐

3. ☐

시간	학습 계획
~	
~	
~	
~	

 분수 3개 모두를 통분하여 계산합니다.

세 분수의 분모를 최소공배수를 공통분모로 하여 계산합니다.

분자만 앞에서 부터 계산하고, 분모는 공통분모가 됩니다.

$$\left(\frac{4}{5}, \frac{1}{2}, \frac{3}{10}\right)$$

$$\Rightarrow \left(\frac{8}{10}, \frac{5}{10}, \frac{3}{10}\right)$$

$$\frac{4}{5} - \frac{1}{2} + \frac{3}{10} = \frac{8}{10} - \frac{5}{10} + \frac{3}{10}$$

$$= \frac{8-5+3}{10} = \frac{\overset{3}{6}}{\underset{5}{10}} = \frac{3}{5}$$

 세개의 분수를 한꺼번에 통분하여 계산하세요.

1 $\dfrac{1}{4} + \dfrac{5}{6} + \dfrac{5}{12} =$

2 $\dfrac{9}{10} - \dfrac{4}{15} - \dfrac{1}{5} =$

3 $\dfrac{5}{9} - \dfrac{5}{12} + \dfrac{1}{6} =$

4 $\dfrac{5}{12} + \dfrac{2}{3} - \dfrac{4}{9} =$

5 $\dfrac{1}{2}+\dfrac{5}{24}+\dfrac{5}{12}=$

6 $\dfrac{23}{25}-\dfrac{3}{10}-\dfrac{1}{5}=$

7 $\dfrac{15}{16}-\dfrac{5}{12}+\dfrac{1}{8}=$

 나의 생활 일기

어제의 학업 성취도 : **1 2 3 4 5**

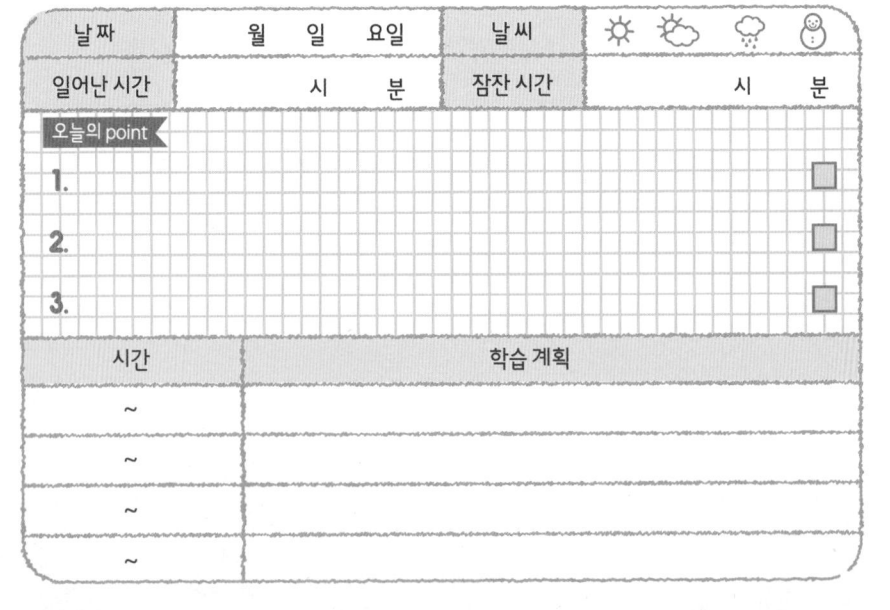

35 분수3개의 계산(2)

소리내
읽기

두분수씩 차례로 계산합니다.

앞의 두 개의 분수를 먼저 통분하여 계산하고, 그 값과 뒤의 분수를 계산합니다.
뺄셈을 같이 있는 분수는 반드시 순서를 지켜서 계산하여야 합니다.

$$\left(\frac{4}{5}, \frac{1}{2}\right) \Rightarrow \left(\frac{8}{10}, \frac{5}{10}\right)$$
$$\left(\frac{3}{10}, \frac{3}{20}\right) \Rightarrow \left(\frac{6}{20}, \frac{3}{20}\right)$$

$$\frac{4}{5} - \frac{1}{2} + \frac{3}{20} = \left(\frac{8}{10} - \frac{5}{10}\right) + \frac{3}{20} = \frac{3}{10} + \frac{3}{20}$$
$$= \frac{6}{20} + \frac{3}{20} = \frac{9}{20}$$

소리내
풀기

세개의 분수를 두개의 분수씩 차례로 계산하세요.

1 $\dfrac{3}{4} - \dfrac{1}{6} - \dfrac{1}{8} =$

2 $\dfrac{9}{10} + \dfrac{4}{15} + \dfrac{1}{5} =$

3 $\dfrac{7}{9} + \dfrac{5}{12} - \dfrac{2}{3} =$

4 $\dfrac{7}{12} + \dfrac{1}{3} - \dfrac{4}{9} =$

7 문제중 ◯ 문제 맞았어!

5 $\dfrac{11}{12} - \dfrac{5}{24} + \dfrac{5}{12} =$

6 $\dfrac{4}{5} - \dfrac{4}{15} - \dfrac{1}{3} =$

7 $\dfrac{3}{4} - \dfrac{3}{16} + \dfrac{1}{8} =$

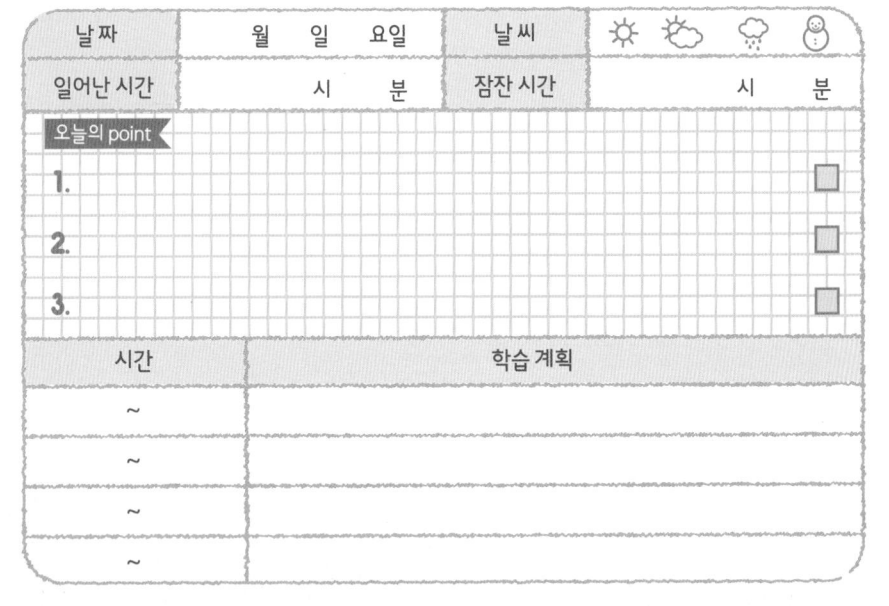

나의 생활 일기

어제의 학업 성취도 : **1 2 3 4 5**

날짜	월 일 요일	날씨	☀ ⛅ ☁ ⛄
일어난 시간	시 분	잠잔 시간	시 분

오늘의 point

1. ☐
2. ☐
3. ☐

시간	학습 계획
~	
~	
~	
~	

36 분수3개의 계산(연습1)

세개의 분수를 한번에 통분하여 계산하세요.

1 $\dfrac{1}{9} + \dfrac{1}{3} + \dfrac{1}{6} =$

2 $\dfrac{11}{12} - \dfrac{1}{2} - \dfrac{1}{5} =$

3 $\dfrac{5}{6} - \dfrac{1}{4} + \dfrac{1}{3} =$

4 $\dfrac{7}{12} - \dfrac{1}{3} + \dfrac{4}{9} =$

5 $\dfrac{3}{4} - \dfrac{1}{6} + \dfrac{5}{12} =$

6 $\dfrac{9}{15} - \dfrac{2}{5} + \dfrac{1}{10} =$

7 $\dfrac{13}{16} - \dfrac{5}{12} + \dfrac{1}{3} =$

10 문제 중 ◯ 문제 맞았어!

8 $\dfrac{1}{2} - \dfrac{2}{7} + \dfrac{3}{4} =$

9 $\dfrac{8}{9} - \dfrac{1}{3} - \dfrac{1}{6} =$

10 $\dfrac{5}{9} - \dfrac{1}{6} + \dfrac{3}{4} =$

 나의 생활 일기

어제의 학업 성취도 : **1** **2** **3** **4** **5**

날 짜	월 일 요일	날 씨	
일어난 시간	시 분	잠잔 시간	시 분

오늘의 point

1. ☐

2. ☐

3. ☐

시간	학습 계획
~	
~	
~	
~	

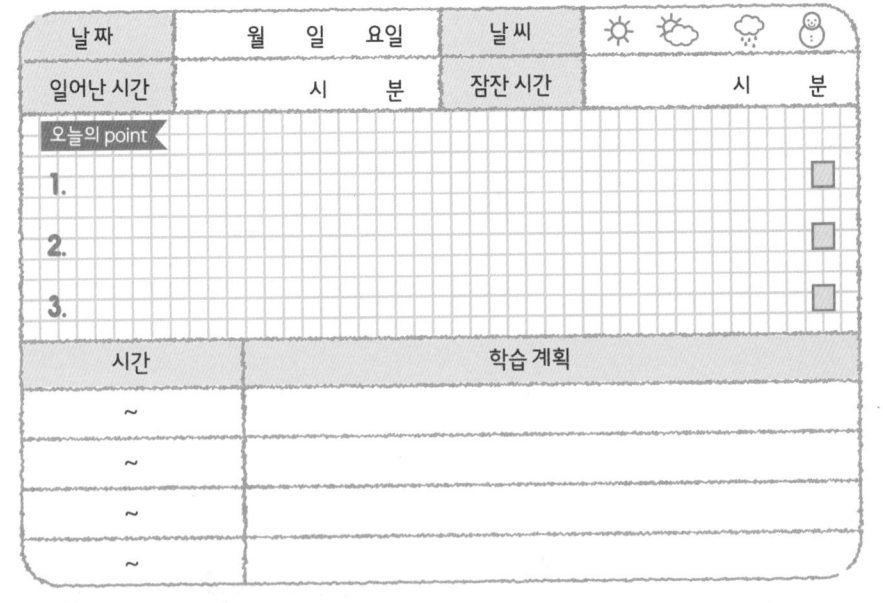

37 분수3개의 계산(연습2)

소리내
풀기

세개의 분수를 한번에 통분하여 계산하세요.

1 $\dfrac{1}{2} + \dfrac{1}{4} + \dfrac{1}{8} =$

2 $\dfrac{5}{6} - \dfrac{1}{3} - \dfrac{1}{2} =$

3 $\dfrac{5}{8} - \dfrac{1}{12} - \dfrac{1}{3} =$

4 $\dfrac{7}{9} - \dfrac{1}{3} + \dfrac{5}{12} =$

5 $\dfrac{3}{4} + \dfrac{1}{6} - \dfrac{7}{8} =$

6 $\dfrac{1}{6} + \dfrac{4}{9} - \dfrac{5}{12} =$

7 $\dfrac{5}{6} - \dfrac{5}{7} + \dfrac{1}{21} =$

10 문제 중 ◯ 문제 맞았어!

8 $\dfrac{3}{4} - \dfrac{1}{5} + \dfrac{3}{10} =$

9 $\dfrac{4}{5} - \dfrac{4}{15} - \dfrac{1}{3} =$

10 $\dfrac{3}{4} - \dfrac{3}{16} + \dfrac{1}{8} =$

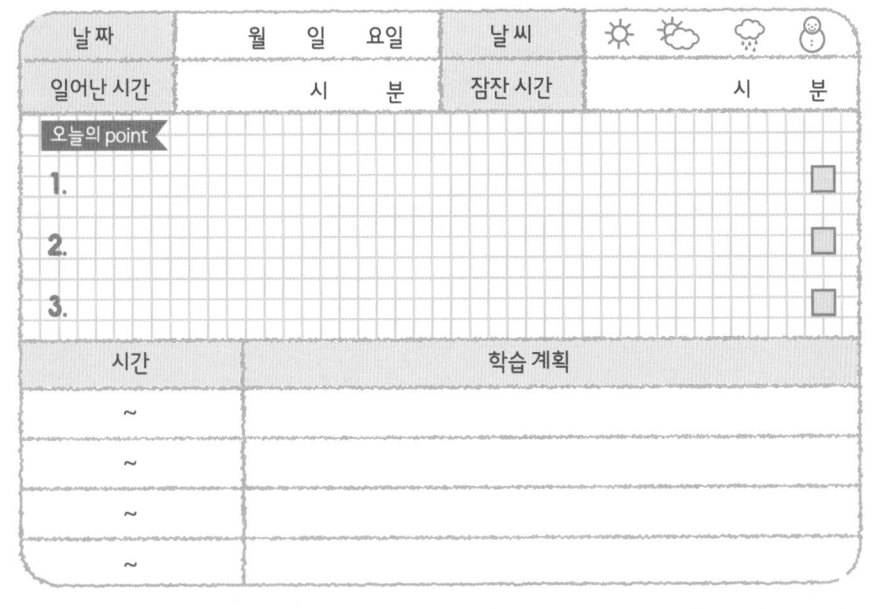

나의 생활 일기

어제의 학업 성취도 : **1** **2** **3** **4** **5**

날 짜	월 일 요일	날 씨	☼ ☁ ☔ ⛄
일어난 시간	시 분	잠잔 시간	시 분

오늘의 point

1. ☐

2. ☐

3. ☐

시간	학습 계획
~	
~	
~	
~	

소리내 읽기

진분수 × 자연수는 분자만 곱해줍니다.

분모는 같고, 분자만 곱해줍니다.
약분이 가능하면, 주어진 문제에서 바로 하거나
계산 중에 합니다. (문제에서 바로 하는게 편합니다.)

➡ 곱셈은 순서가 바뀌어도 값이 같으므로
　자연수 × 진분수도 같은 방법으로 계산합니다.

$$\frac{5}{6} \times 3 = \frac{5}{\underset{2}{6}} \times 3^{1}$$

$$= \frac{5 \times 1}{2} = \frac{5}{2} = 2\frac{1}{2}$$

소리내 풀기

위의 방법을 이해하고 아래 분수를 계산해 보세요.

1 $\dfrac{1}{3} \times 2 =$

6 $\overset{2}{6} \times \dfrac{1}{\underset{1}{3}} = 2$

2 $\dfrac{1}{4} \times 5 =$

7 $4 \times \dfrac{3}{28} =$

3 $\dfrac{3}{8} \times 5 =$

8 $6 \times \dfrac{1}{12} =$

4 $\dfrac{4}{9} \times 5 =$

9 $9 \times \dfrac{4}{15} =$

5 $\dfrac{3}{8} \times 48 =$

10 $24 \times \dfrac{9}{12} =$

18 문제 중 　 문제 맞았기!

11 $\dfrac{1}{12} \times 6 =$

15 $6 \times \dfrac{1}{18} =$

12 $\dfrac{1}{15} \times 10 =$

16 $4 \times \dfrac{1}{12} =$

13 $\dfrac{3}{36} \times 12 =$

17 $3 \times \dfrac{1}{27} =$

14 $\dfrac{4}{18} \times 9 =$

18 $15 \times \dfrac{4}{45} =$

 나의 생활 일기

어제의 학업 성취도 : **1 2 3 4 5**

날짜	월 일 요일	날씨	☀ ⛅ 🌧 ⛄
일어난 시간	시 분	잠잔 시간	시 분

오늘의 point

1. ☐

2. ☐

3. ☐

시간	학습 계획
~	
~	
~	
~	

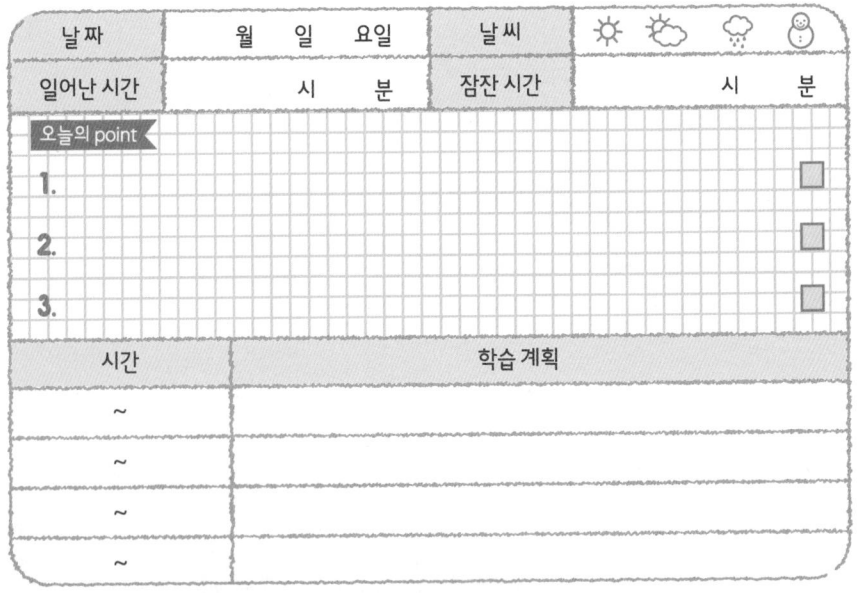

대분수 × 자연수는 대분수를 가분수로 고쳐서 자연수를 곱합니다.

대분수를 제일 먼저 가분수로 고쳐서 약분하고
계산합니다. 곱하는 자연수를 대분수의 자연수
부분과 분수부분에 각각 곱해주고 약분해도 됩니다.

➡ 곱셈은 순서가 바뀌어도 값이 같으므로
　자연수 × 대분수도 같은 방법으로 계산합니다.

$$2\frac{5}{9} \times 6 = \frac{23}{9} \times 6^{2}$$
$$= \frac{46}{3} = 15\frac{1}{3}$$

위의 방법을 이해하고 아래 분수를 계산해 보세요.

반드시 가분수로 고쳐서 약분합니다.

1 $2\frac{1}{3} \times 2 =$

5 $2 \times 1\frac{3}{8} = \overset{1}{2} \times \frac{11}{8}_{4}$

2 $3\frac{1}{4} \times 5 =$

6 $4 \times 2\frac{3}{28} =$

3 $1\frac{3}{8} \times 2 =$

7 $6 \times 1\frac{1}{18} =$

4 $2\frac{4}{9} \times 3 =$

8 $3 \times 3\frac{1}{6} =$

9 $3\frac{1}{6} \times 5 =$

12 $2 \times 3\frac{1}{4} =$

10 $2\frac{1}{24} \times 4 =$

13 $9 \times 2\frac{3}{18} =$

11 $1\frac{3}{16} \times 2 =$

14 $7 \times 1\frac{1}{35} =$

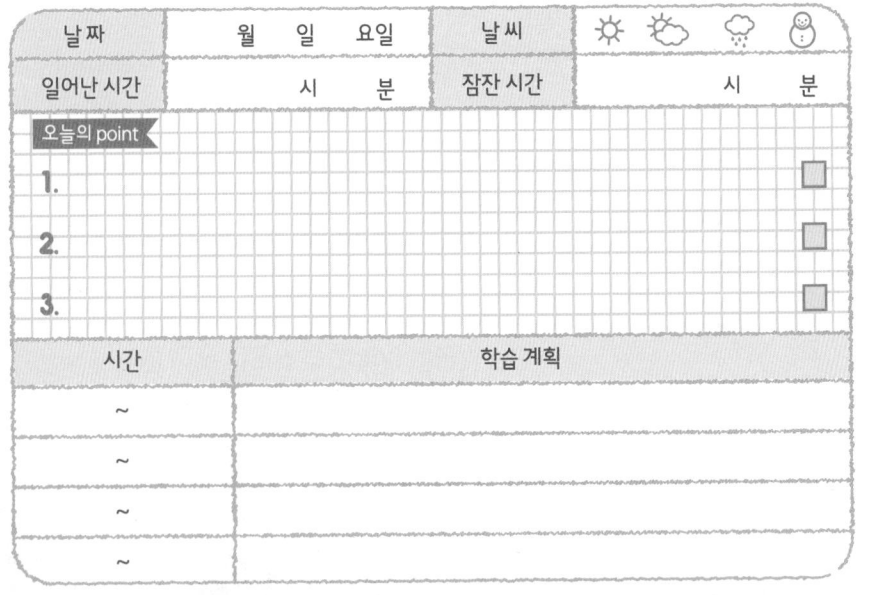

나의 생활 일기

어제의 학업 성취도 : **1** **2** **3** **4** **5**

날짜	월 일 요일	날씨	☀ ⛅ 🌧 ⛄
일어난 시간	시 분	잠잔 시간	시 분

오늘의 point

1. ☐

2. ☐

3. ☐

시간	학습 계획
~	
~	
~	
~	

40 단위분수×단위분수

소리내 읽기

분자가 1인 분수의 곱셈은 분모만 곱해 줍니다.

분자가 1인 분수를 단위 분수라고 합니다.
단위분수끼리의 곱셈은 분모끼리만 곱해줍니다.
분자는 둘다 1이기때문에 1×1은 1입니다.

➡ $\frac{1}{2}$ 한 것의 $\frac{1}{3}$ 은 1을 6조각낸 것의 1조각입니다.

$$\frac{1}{2} \times \frac{1}{3} = \frac{1}{2 \times 3}$$

$$= \frac{1}{6}$$

소리내 풀기

위의 방법을 이해하고 아래 분수를 계산해 보세요.

1 $\frac{1}{3} \times \frac{1}{4} =$

6 $\frac{1}{8} \times \frac{1}{9} =$

2 $\frac{1}{2} \times \frac{1}{4} =$

7 $\frac{1}{6} \times \frac{1}{10} =$

3 $\frac{1}{6} \times \frac{1}{4} =$

8 $\frac{1}{13} \times \frac{1}{7} =$

4 $\frac{1}{3} \times \frac{1}{8} =$

9 $\frac{1}{9} \times \frac{1}{15} =$

5 $\frac{1}{7} \times \frac{1}{2} =$

10 $\frac{1}{23} \times \frac{1}{10} =$

14 문제 중 ⭕ 문제 맞았어!

11 $\frac{1}{9} \times \frac{1}{11} =$

13 $\frac{1}{7} \times \frac{1}{10} =$

12 $\frac{1}{6} \times \frac{1}{14} =$

14 $\frac{1}{8} \times \frac{1}{12} =$

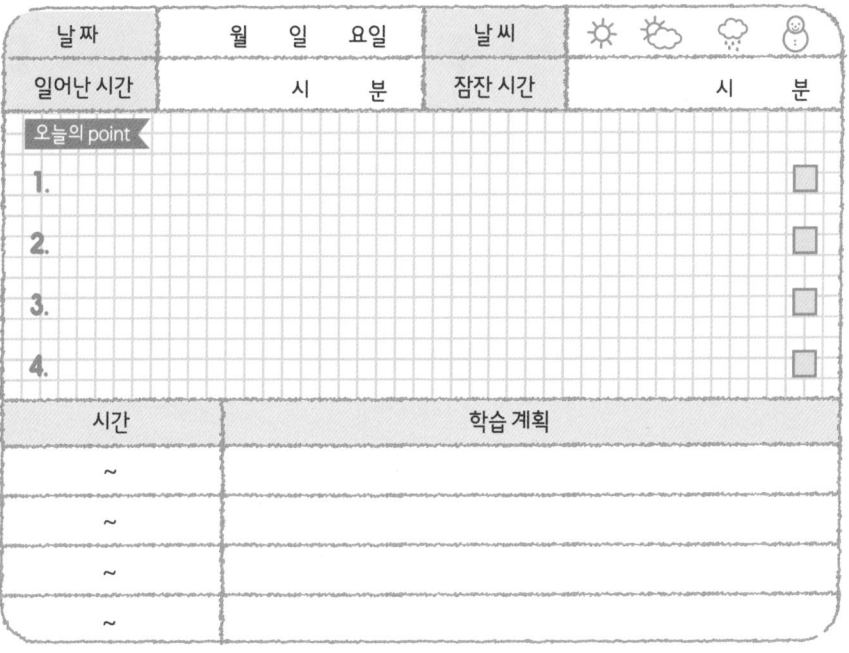

나의 생활 일기

어제의 학업 성취도: **1 2 3 4 5**

날짜	월 일 요일	날씨	☀ ⛅ 🌧 ⛄
일어난 시간	시 분	잠잔 시간	시 분

오늘의 point

1.

2.

3.

4.

시간	학습 계획
~	
~	
~	
~	

오늘의 나와 가장 가까운 답에 O표 하세요!

◆ 오늘의 기분은 어때요?　　　☐ 좋아요.　☐ 나빠요.　☐ 그냥 그래요.

◆ 아침밥을 먹었나요?　　　　　☐ 네.　☐ 아니요.

◆ 친구하고 사이좋게 지내고 있나요?　☐ 네.　☐ 아니요.

◆ 오늘도 힘찬 하루를 보낼 준비 됐나요?　☐ 네.　☐ 아니요.

◆ 오늘은 ☐ 즐거울거 ☐ 슬플거 ☐ 기타(　　　)같아요!

41 진분수×진분수

분자는 분자끼리, 분모는 분모끼리 곱해 줍니다.

약분이 가능하면

주어진 문제에서 바로 하거나 계산 중에 하거나

분자와 분모끼리 계산을 다한 다음에 약분합니다.

➡ 문제에서 바로 약분하는 방법이 가장 편합니다.

$$\frac{1}{2} \times \frac{2}{3} = \frac{1 \times \overset{1}{2}}{2 \times 3} = \frac{1}{3}$$

$$\frac{1}{\underset{1}{2}} \times \overset{1}{\frac{2}{3}} = \frac{1}{3}$$

위의 방법을 이해하고 아래 분수를 계산해 보세요.

1 $\dfrac{1}{3} \times \dfrac{2}{5} =$

6 $\dfrac{1}{2} \times \dfrac{4}{9} =$

2 $\dfrac{5}{7} \times \dfrac{1}{4} =$

7 $\dfrac{5}{6} \times \dfrac{3}{10} =$

3 $\dfrac{5}{6} \times \dfrac{1}{5} =$

8 $\dfrac{7}{12} \times \dfrac{3}{14} =$

4 $\dfrac{4}{9} \times \dfrac{1}{8} =$

9 $\dfrac{4}{25} \times \dfrac{5}{12} =$

5 $\dfrac{2}{7} \times \dfrac{1}{2} =$

10 $\dfrac{6}{21} \times \dfrac{7}{12} =$

18 문제중 ◯ 문제 맞았어!

11 $\dfrac{5}{8} \times \dfrac{2}{15} =$

15 $\dfrac{3}{8} \times \dfrac{4}{9} =$

12 $\dfrac{5}{14} \times \dfrac{7}{10} =$

16 $\dfrac{16}{45} \times \dfrac{3}{20} =$

13 $\dfrac{5}{12} \times \dfrac{3}{25} =$

17 $\dfrac{7}{36} \times \dfrac{12}{21} =$

14 $\dfrac{13}{21} \times \dfrac{7}{26} =$

18 $\dfrac{21}{64} \times \dfrac{4}{7} =$

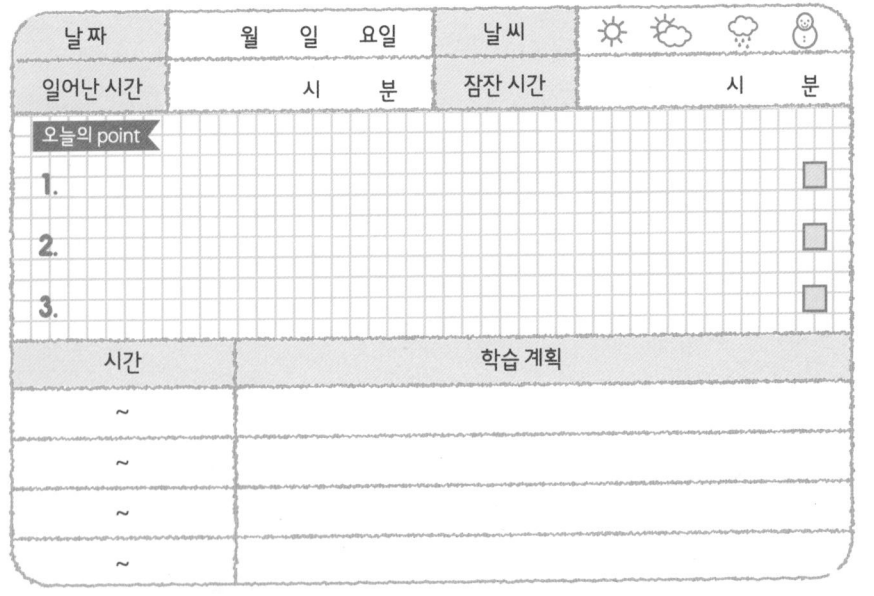

나의 생활 일기

어제의 학업 성취도 : **1 2 3 4 5**

날짜	월 일 요일	날씨	☀ ⛅ ☁ ☃
일어난 시간	시 분	잠잔 시간	시 분

오늘의 point

1. ☐

2. ☐

3. ☐

시간	학습 계획
~	
~	
~	
~	

42 대분수 × 대분수

대분수를 모두 가분수로 고쳐서 계산합니다.

제일 먼저 가분수로 모두 고치고

분모는 분모끼리, 분자는 분자끼리 곱하되

수가 크므로, 약분이 되면 가분수로 고친 후 약분합니다.

$$4\frac{1}{2} \times 1\frac{2}{3} = \frac{\overset{3}{9}}{2} \times \frac{5}{\underset{1}{3}}$$

$$= \frac{15}{2} = 7\frac{1}{2}$$

➡ 답은 꼭 대분수나 분수부분을 기약분수로 나타내야 합니다.

위의 방법을 이해하고 아래 분수를 계산해 보세요.

1 $3\frac{1}{3} \times 2\frac{2}{5} =$

2 $2\frac{2}{7} \times 1\frac{3}{4} =$

3 $1\frac{5}{6} \times 2\frac{2}{5} =$

4 $3\frac{5}{9} \times 2\frac{1}{8} =$

5 $2\frac{1}{2} \times 1\frac{3}{10} =$

6 $2\frac{5}{6} \times 1\frac{3}{34} =$

10 문제중 ◯ 문제 맞혔어!

7 $3\dfrac{2}{7} \times 2\dfrac{1}{2} =$

8 $2\dfrac{1}{4} \times 1\dfrac{2}{3} =$

9 $1\dfrac{5}{9} \times 2\dfrac{1}{7} =$

10 $3\dfrac{5}{9} \times 2\dfrac{1}{8} =$

 나의 생활 일기

어제의 학업 성취도 : 1 2 3 4 5

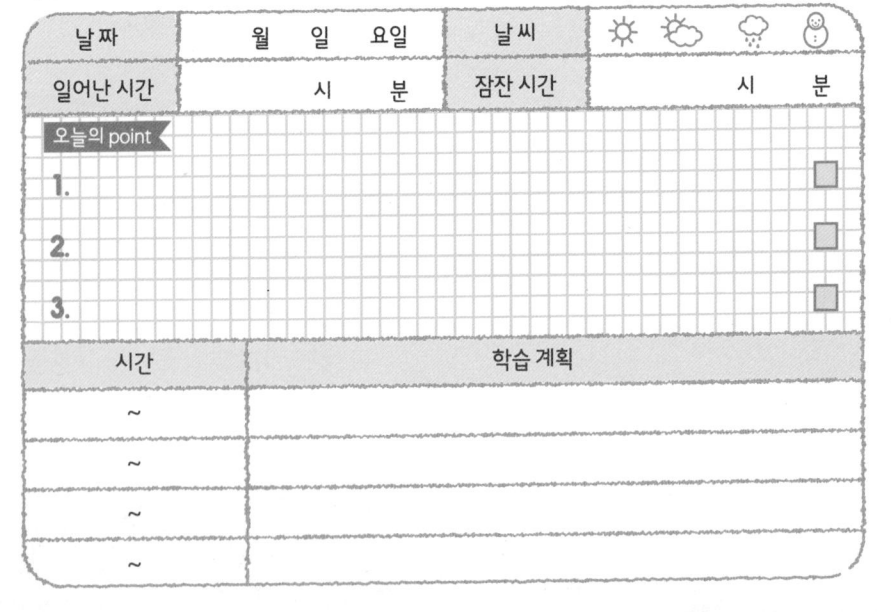

날짜	월 일 요일	날씨	☀ ☁ ☂ ☃
일어난 시간	시 분	잠잘 시간	시 분

오늘의 point

1.

2.

3.

시간	학습 계획
~	
~	
~	
~	

43 대분수×대분수(연습)

약분에 주의하여 아래를 계산해 보세요.

1 $1\dfrac{3}{5} \times 1\dfrac{1}{14} =$

2 $1\dfrac{2}{3} \times 2\dfrac{7}{10} =$

3 $1\dfrac{5}{6} \times 1\dfrac{1}{22} =$

4 $1\dfrac{6}{7} \times 1\dfrac{11}{52} =$

5 $2\dfrac{1}{14} \times 3\dfrac{1}{2} =$

6 $2\dfrac{4}{11} \times 1\dfrac{1}{10} =$

7 $2\dfrac{4}{15} \times 1\dfrac{1}{34} =$

8 $4\dfrac{3}{7} \times 2\dfrac{4}{5} =$

12 문제 중 ◯ 문제 맞혔어!

9 $2\dfrac{2}{15} \times 3\dfrac{1}{8} =$

10 $2\dfrac{1}{4} \times 1\dfrac{3}{5} =$

11 $1\dfrac{2}{9} \times 2\dfrac{2}{5} =$

12 $3\dfrac{5}{9} \times 2\dfrac{1}{16} =$

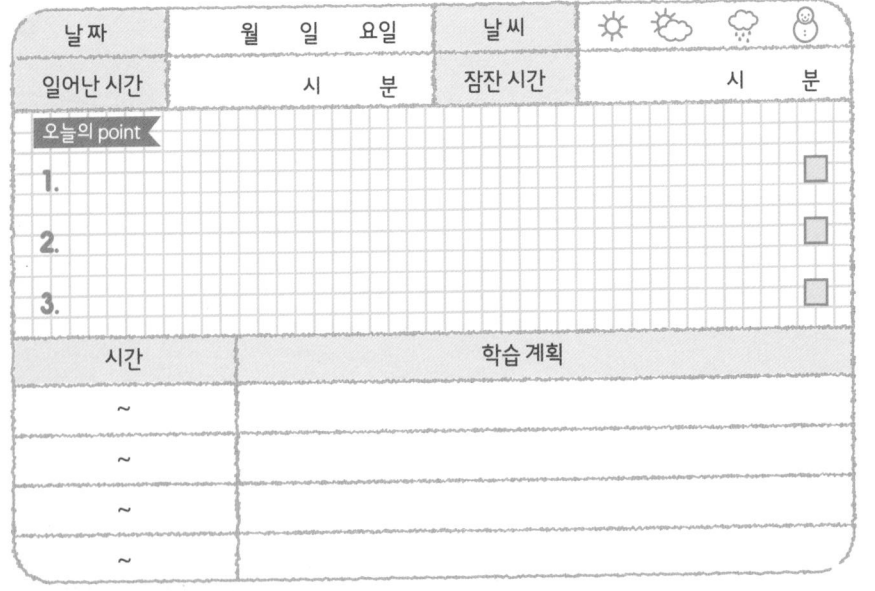

나의 생활 일기

어제의 학업 성취도 : **1 2 3 4 5**

날 짜	월 일 요일	날 씨	☀ ⛅ 🌧 ☃
일어난 시간	시 분	잠잔 시간	시 분

 오늘의 point

1. ☐

2. ☐

3. ☐

시간	학습 계획
~	
~	
~	
~	

44 분수3개의 곱셈

두분수씩 차례 계산하거나, 주어진 문제상태에서 바로 약분하여 계산합니다.

주어진 곱셈문제 상태에서 바로 약분하여 계산하는게 편합니다.
다른 방법으로는 2개씩 차례로 곱하거나, 한꺼번에 약분하는 방법이 있습니다.

$$\frac{4}{5} \times \frac{1}{2} \times \frac{5}{8} = \frac{\overset{1}{4} \times 1 \times \overset{1}{5}}{\underset{1}{5} \times 2 \times \underset{2}{8}} = \frac{1}{4} \qquad \qquad \frac{\overset{1}{\cancel{4}}}{\underset{1}{5}} \times \frac{1}{2} \times \frac{\overset{1}{5}}{\underset{2}{8}} = \frac{1}{4}$$

소리내
풀기

세개의 분수를 두개의 분수씩 차례로 계산하세요.

1 $\dfrac{3}{4} \times \dfrac{1}{10} \times \dfrac{5}{6} =$

5 $\dfrac{3}{5} \times \dfrac{1}{6} \times \dfrac{5}{12} =$

2 $\dfrac{3}{10} \times \dfrac{8}{15} \times \dfrac{1}{2} =$

6 $\dfrac{9}{10} \times \dfrac{4}{15} \times \dfrac{15}{16} =$

3 $\dfrac{2}{9} \times \dfrac{5}{12} \times \dfrac{2}{5} =$

7 $\dfrac{2}{9} \times \dfrac{5}{12} \times \dfrac{9}{10} =$

4 $\dfrac{7}{12} \times \dfrac{3}{14} \times \dfrac{4}{9} =$

8 $\dfrac{7}{12} \times \dfrac{2}{3} \times \dfrac{9}{14} =$

14 문제 중 ⬭ 문제 맞았어!

9 $\dfrac{2}{3} \times \dfrac{1}{4} \times \dfrac{5}{6} =$

12 $\dfrac{3}{5} \times \dfrac{1}{6} \times \dfrac{5}{12} =$

10 $\dfrac{7}{12} \times \dfrac{4}{11} \times \dfrac{1}{14} =$

13 $\dfrac{5}{12} \times \dfrac{3}{8} \times \dfrac{4}{25} =$

11 $\dfrac{2}{9} \times \dfrac{5}{12} \times \dfrac{2}{5} =$

14 $\dfrac{2}{9} \times \dfrac{5}{12} \times \dfrac{9}{10} =$

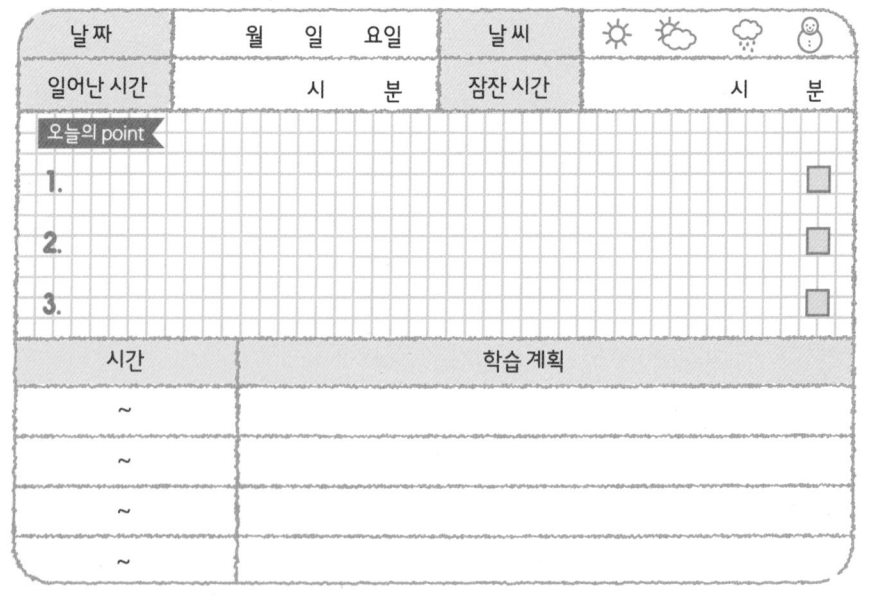

나의 생활 일기

어제의 학업 성취도: **1 2 3 4 5**

날짜	월 일 요일	날씨	☀ ☁ 🌧 ⛄
일어난 시간	시 분	잠잔 시간	시 분

오늘의 point

1.

2.

3.

시간	학습 계획
~	
~	
~	
~	

소리내 풀기

세개의 분수를 약분에 주의해서 계산해 보세요.

1 $\dfrac{5}{12} \times \dfrac{1}{6} \times \dfrac{2}{5} =$

6 $\dfrac{3}{8} \times \dfrac{5}{16} \times \dfrac{8}{15} =$

2 $\dfrac{3}{10} \times \dfrac{8}{15} \times \dfrac{1}{2} =$

7 $\dfrac{9}{10} \times \dfrac{4}{15} \times \dfrac{15}{16} =$

3 $\dfrac{3}{8} \times \dfrac{5}{12} \times \dfrac{2}{5} =$

8 $\dfrac{2}{9} \times \dfrac{5}{12} \times \dfrac{18}{25} =$

4 $\dfrac{7}{12} \times \dfrac{3}{14} \times \dfrac{4}{9} =$

9 $\dfrac{2}{5} \times \dfrac{5}{8} \times \dfrac{1}{6} =$

5 $\dfrac{11}{12} \times \dfrac{3}{22} \times \dfrac{2}{15} =$

10 $\dfrac{7}{10} \times \dfrac{9}{14} \times \dfrac{5}{27} =$

16 문제중 ◯ 문제 맞았어!

11 $\dfrac{3}{8} \times \dfrac{6}{25} \times \dfrac{5}{27} =$

14 $\dfrac{5}{14} \times \dfrac{2}{9} \times \dfrac{21}{25} =$

12 $\dfrac{5}{12} \times \dfrac{9}{14} \times \dfrac{7}{20} =$

15 $\dfrac{5}{7} \times \dfrac{21}{32} \times \dfrac{4}{15} =$

13 $\dfrac{7}{18} \times \dfrac{5}{14} \times \dfrac{2}{5} =$

16 $\dfrac{4}{15} \times \dfrac{11}{16} \times \dfrac{5}{22} =$

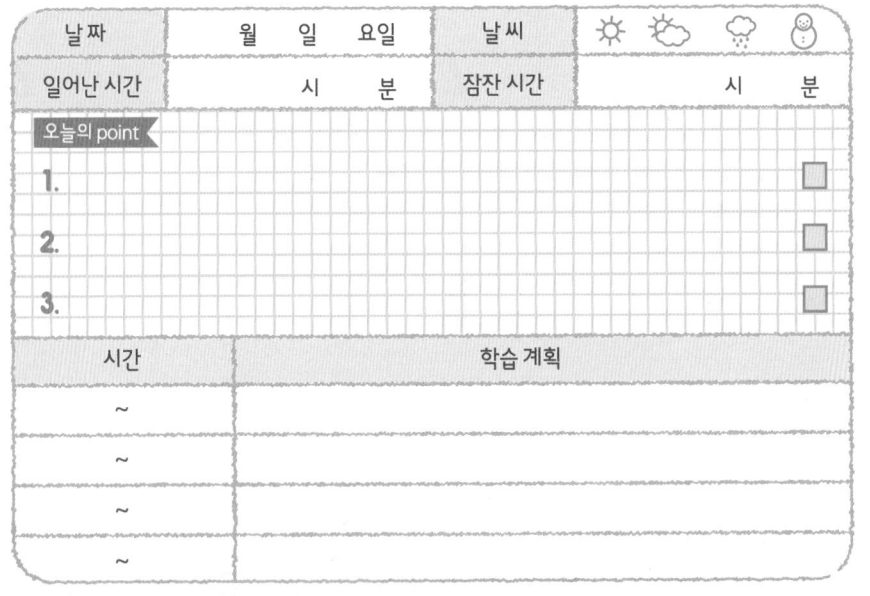

나의 생활 일기

어제의 학업 성취도 : **1 2 3 4 5**

날짜	월 일 요일	날씨	☀ ⛅ 🌧 ⛄
일어난 시간	시 분	잠잔 시간	시 분

오늘의 point

1. ☐

2. ☐

3. ☐

시간	학습 계획
~	
~	
~	
~	

평행사변형의 넓이 = 직사각형의 넓이
= 가로×세로 = 밑변×높이

평행사변형의 한쪽을 잘라 다른 쪽으로
옮겨 붙이면 직사각형이 됩니다.

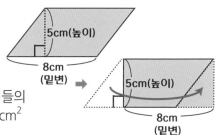

➡ 밑변과 높이가 각각 같은 평행사변형들의
넓이는 서로 같습니다. $5 \times 8 = 40 \ cm^2$

아래 평행사변형의 넓이를 구하는 식과 답을 적으세요.

1

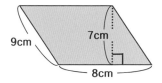

(식) ....

(답) ....

3

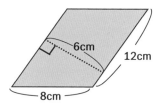

(식) ....

(답) ....

2

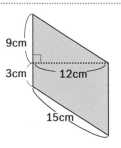

(식) ....

(답) ....

4

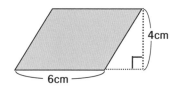

(식) ....

(답) ....

6 문제 중 ⭕ 문제 맞았어!

91

5

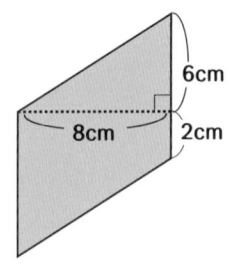

6cm
8cm 2cm

6

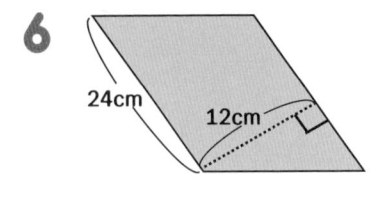

24cm 12cm

(식)

(답)

(식)

(답)

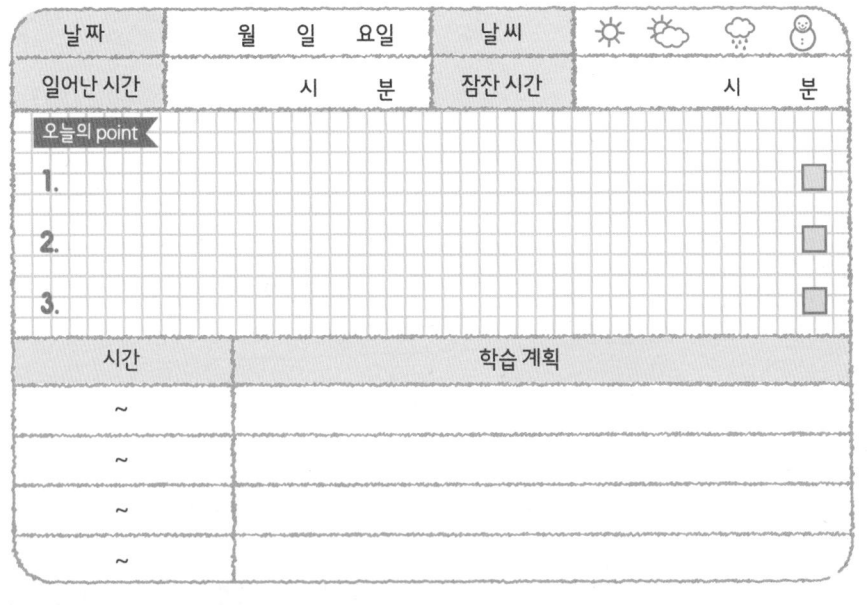

나의 생활 일기

어제의 학업 성취도 : 1 2 3 4 5

날짜	월 일 요일	날씨	☀ ⛅ ☁ ☃
일어난 시간	시 분	잠잔 시간	시 분

오늘의 point

1.

2.

3.

시간	학습 계획
~	
~	
~	
~	

47 삼각형의 넓이

월 일
분 초

소리내
읽기**삼각형의 넓이 = 밑변 × 높이 ÷ 2**

삼각형의 넓이 = 평행사변형의 넓이 ÷ 2

= 밑변 × 높이 ÷ 2

➡ 직각삼각형의 넓이와 둔각삼각형의
넓이는 밑변과 높이가 같으면 항상 같습니다.

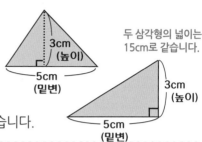

두 삼각형의 넓이는
15cm로 같습니다.

아래 삼각형의 넓이를 구하는 식과 답을 적으세요.

1

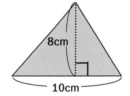

(식)

(답)

3

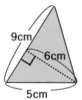

(식)

(답)

2

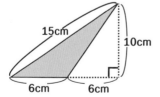

(식)

(답)

4

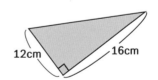

(식)

(답)

6 문제 중 ⭕ 문제 맞았어!

93

5

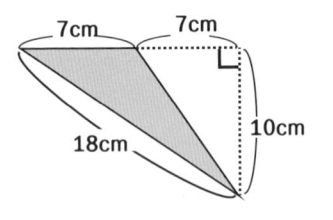

7cm 7cm

18cm 10cm

(식) _____

(답) _____

6

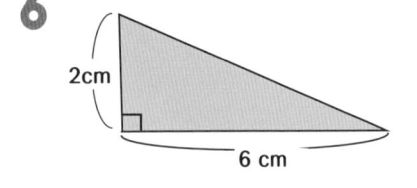

2cm

6 cm

(식) _____

(답) _____

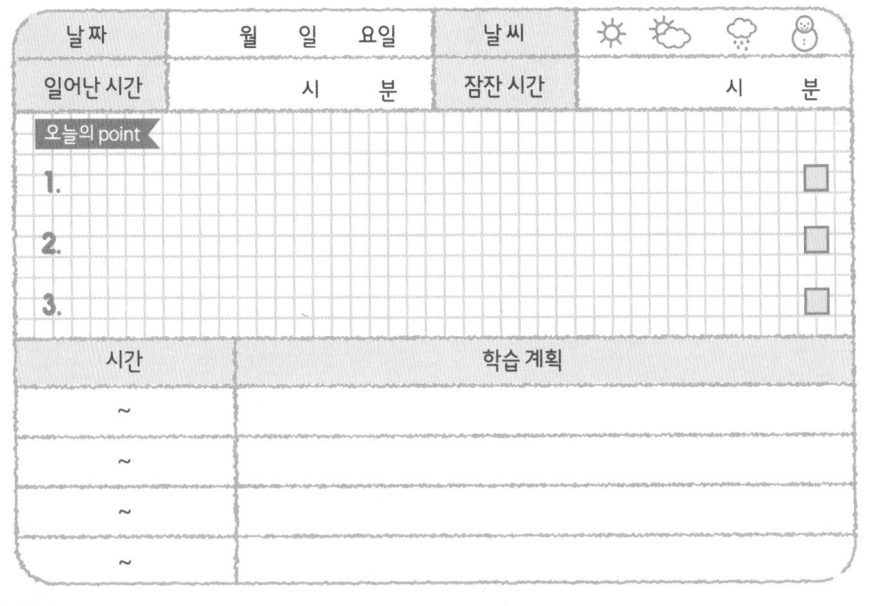

나의 생활 일기

어제의 학업 성취도 : **1 2 3 4 5**

| 날짜 | 월 일 요일 | 날씨 | ☀ ⛅ ☁ ⛄ |
| 일어난 시간 | 시 분 | 잠잔 시간 | 시 분 |

오늘의 point

1. ☐
2. ☐
3. ☐

시간	학습 계획
~	
~	
~	
~	

48 사다리꼴의 넓이(1)

사다리꼴의 넓이 = (윗변 + 아랫변) × 높이 ÷ 2

사다리꼴의 넓이 = 평행사변형의 넓이 ÷ 2
= 밑변 × 높이 ÷ 2

➡ 사다리꼴을 2개 겹쳐 놓으면 평행사변형
이 됩니다. 그래서 평행사변형의 넓이의
반 (÷2) 입니다.

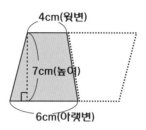

4cm(윗변)
7cm(높이)
6cm(아랫변)

아래 사다리꼴의 넓이를 구하는 식과 답을 적으세요.

1
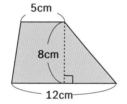
5cm
8cm
12cm

(식) ....

(답) ....

3
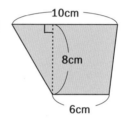
10cm
8cm
6cm

(식) ....

(답) ....

2
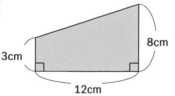
8cm
3cm
12cm

(식) ....

(답) ....

4
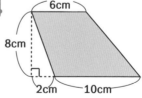
6cm
8cm
2cm   10cm

(식) ....

(답) ....

 6 문제 중 문제 맞았어!

나의 생활 읽기

아침의 하얀 상쾌도 : 1 2 3 4 5

날씨	월 일 요일	날씨	☀ ☁ ⛅ ☺
일어난 시간	시 분	잠잔 시간	시 분

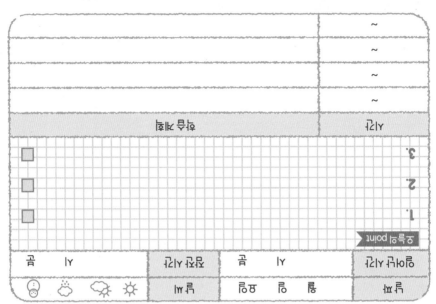

오늘의 point
1. ☐
2. ☐
3. ☐

시간	하루 계획
~	
~	
~	
~	

5

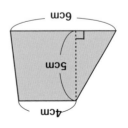

4cm
5cm
6cm

(시)

(답)

6

15cm
12cm
10 cm

(시)

(답)

소리내
읽기

마름모의 넓이 = 두개의 삼각형의 넓이

구할 수 있는 삼각형 두개로 갈라서
넓이를 합하면 마름모의 넓이가 됩니다.

➡ **1**번 삼각형의 넓이= 9 × 4 ÷ 2 = 18㎝
2번 삼각형의 넓이= 6 × 4 ÷ 2 = 12㎝
마름모의 넓이=1번삼각형+2번삼각형 =30㎠

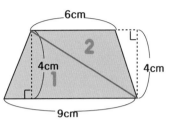

소리내
풀기

아래 사다리꼴의 넓이를 두개의 삼각형으로 나누어 계산해보세요.

1
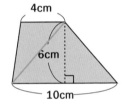

(식) ....

(답) ....

2
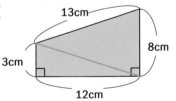

(식) ....

(답) ....

3
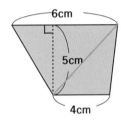

(식) ....

(답) ....

4
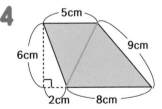

(식) ....

(답) ....

 6 문제중 문제 맞았어!

5

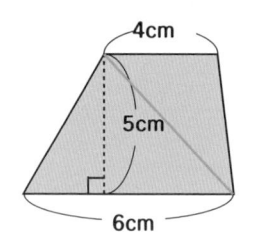

4cm
5cm
6cm

6

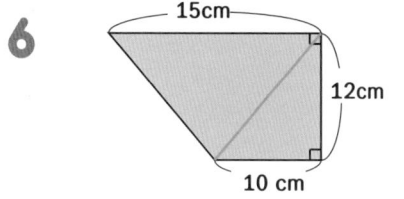

15cm
12cm
10 cm

(식) ....

(답) ....

(식) ....

(답) ....

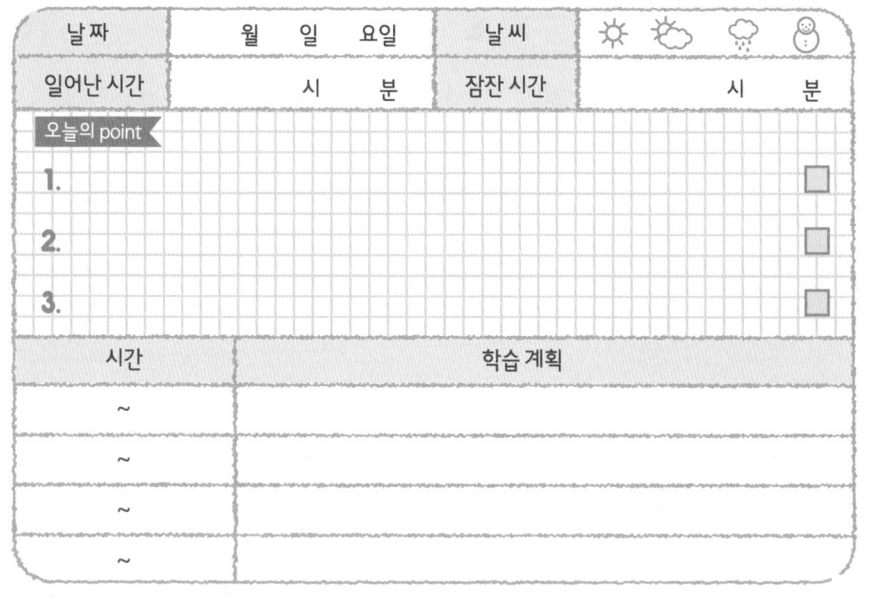

🐤 나의 생활 일기

어제의 학업 성취도 : **1** **2** **3** **4** **5**

날짜	월 일 요일	날씨	☀ ⛅ ☁ ⛄
일어난 시간	시 분	잠잔 시간	시 분

오늘의 point

1. ☐

2. ☐

3. ☐

시간	학습 계획
~	
~	
~	
~	

5O 마름모의 넓이(1)

소리내 읽기

마름모의 넓이 = 큰 사각형의 넓이 ÷ 2
    = 가로 × 세로 ÷ 2
    = 한 대각선 × 다른 대각선 ÷ 2

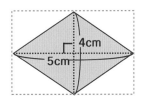

4cm
5cm

➡ 대각선끼리의 곱을 하면 큰 사각형의 넓이가
  됩니다. 마름모의 넓이는 큰 사각형의 넓이의
  반(÷2)입니다.

아래 마름모의 넓이를 위의 방법으로 계산해보세요.

1
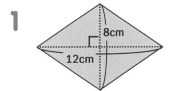
8cm
12cm

3
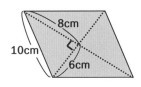
8cm
10cm
6cm

(식) ....

(답) ....

(식) ....

(답) ....

2
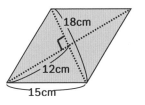
18cm
12cm
15cm

4

10cm 10cm

(식) ....

(답) ....

(식) ....

(답) ....

5

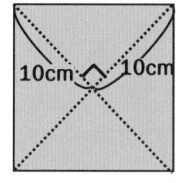

8cm

12cm

(식) ······

(답) ······

6

10cm   10cm

(식) ······

(답) ······

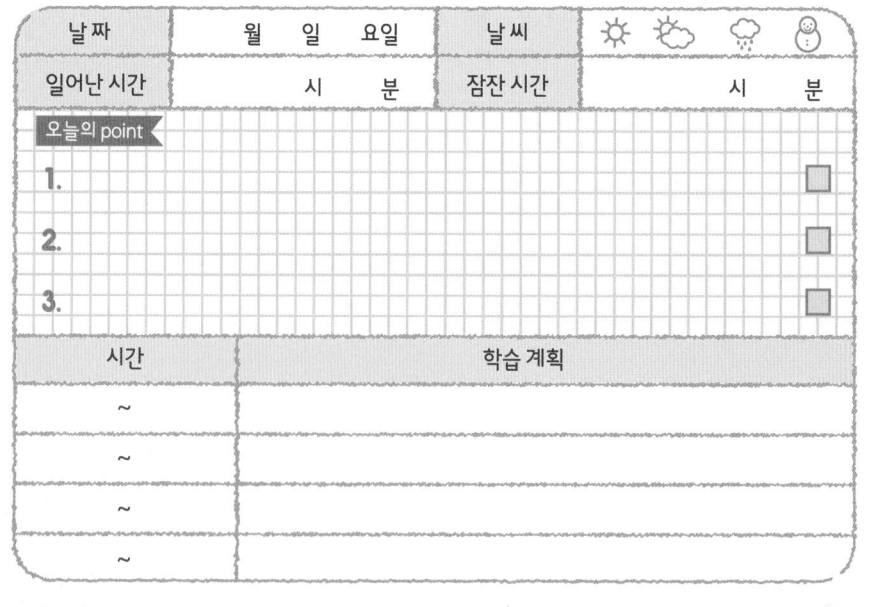

나의 생활 일기

어제의 학업 성취도 : **1   2   3   4   5**

날 짜	월	일	요일	날 씨			
일어난 시간		시	분	잠잔 시간		시	분

오늘의 point

1. ☐

2. ☐

3. ☐

시간	학습 계획
~	
~	
~	
~	

51 마름모의 넓이(2)

마름모의 넓이 = 작은삼각형의 넓이 × 4
= 1번 삼각형의 넓이 × 4

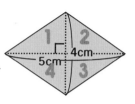

➡ 대각선끼리 선을 그으면 삼각형이 4개가 생깁니다.
이 삼각형은 모두 합동입니다. 그래서 작은 삼각형
의 넓이를 4배 해주면 마름모의 넓이가 됩니다.

아래 마름모의 넓이를 위의 방법으로 계산해보세요.

1

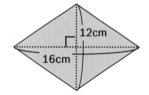

(작은 삼각형 1개의 넓이) ....

(마름모의 넓이) ....

3

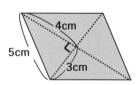

(작은 삼각형 1개의 넓이) ....

(마름모의 넓이) ....

2

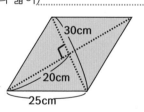

(작은 삼각형 1개의 넓이) ....

(마름모의 넓이) ....

4

(작은 삼각형 1개의 넓이) ....

(마름모의 넓이) ....

5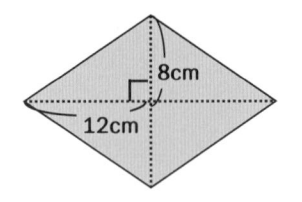

8cm
12cm

(작은 삼각형 1개의 넓이) ....

(마름모의 넓이) ....

6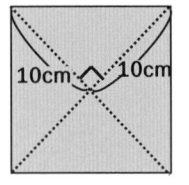

10cm 10cm

(작은 삼각형 1개의 넓이) ....

(마름모의 넓이) ....

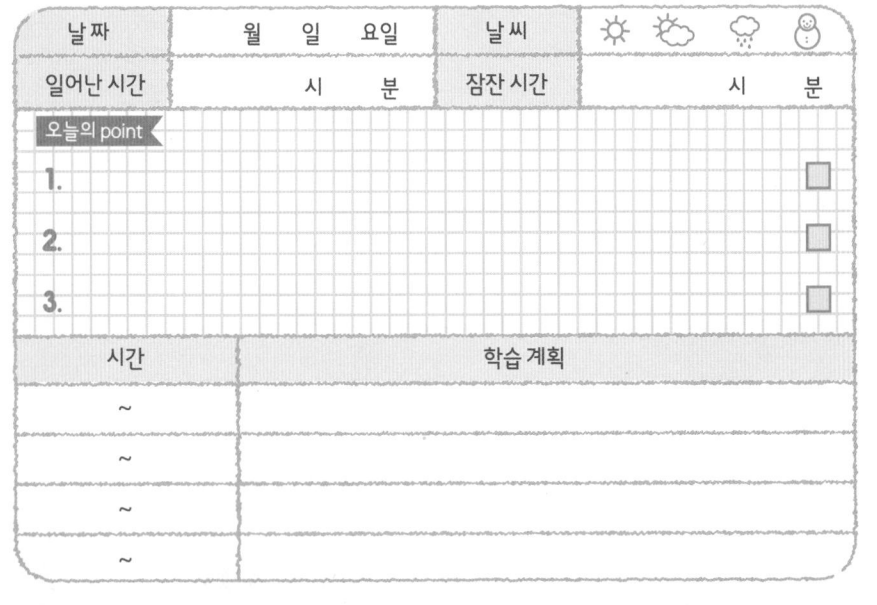

🐥 나의 생활 일기

어제의 학업 성취도 : **1 2 3 4 5**

날 짜	월 일 요일	날 씨	☀ ⛅ 🌧 ⛄
일어난 시간	시 분	잠잔 시간	시 분

오늘의 point

1. ☐

2. ☐

3. ☐

시간	학습 계획
~	
~	
~	
~	

52 도형의 넓이(연습1)

소리내
풀기

아래 도형의 넓이를 구하세요.

1

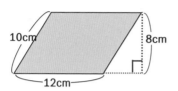
10cm   8cm
12cm

(식) ....

(답) ....

2

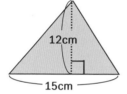
12cm
15cm

(식) ....

(답) ....

3

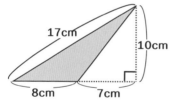
17cm   10cm
8cm   7cm

(식) ....

(답) ....

4

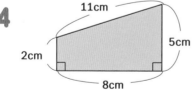
11cm
2cm   5cm
8cm

(식) ....

(답) ....

5

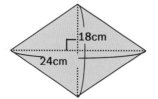
18cm
24cm

(식) ....

(답) ....

7 문제 중 ○ 문제 맞았어!

6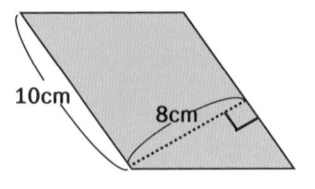

10cm
8cm

7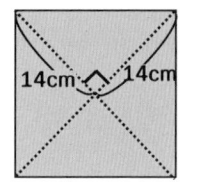

14cm 14cm

(식)

(답)

(식)

(답)

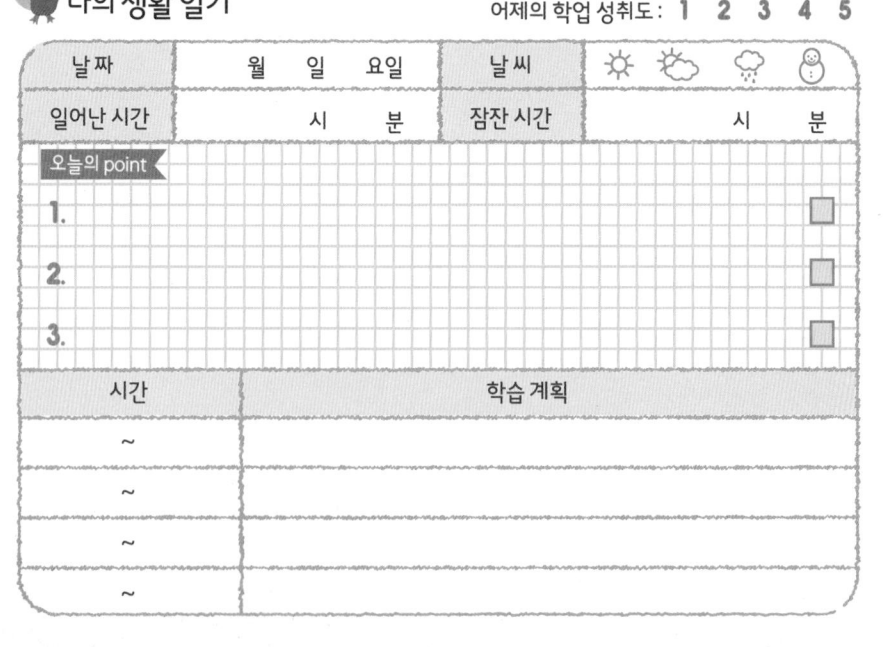

🐦 나의 생활 일기

어제의 학업 성취도: **1 2 3 4 5**

날짜	월 일 요일	날씨	☀ ⛅ ☁ ☃
일어난 시간	시 분	잠잔 시간	시 분

오늘의 point

1.

2.

3.

시간	학습 계획
~	
~	
~	
~	

소리내 풀기

아래 도형의 넓이를 알때 ☐안에 들어갈 알맞은 수를 구하세요.

1

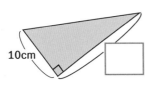

10cm

(넓이) 40 cm²

(답) ....

2

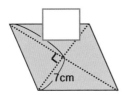

7cm

(넓이) 112 cm²

(답) ....

3

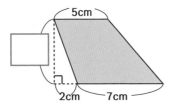

5cm

2cm 7cm

(넓이) 30 cm²

(답) ....

4

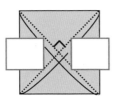

(넓이) 98 cm²

(답) ....

6 문제 중 ⚪ 문제 맞았어!

5

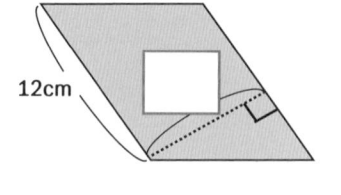

12cm

(넓이) **60** cm²

(답)

6

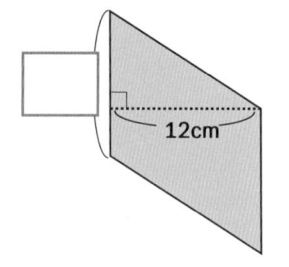

12cm

(넓이) **96** cm²

(답)

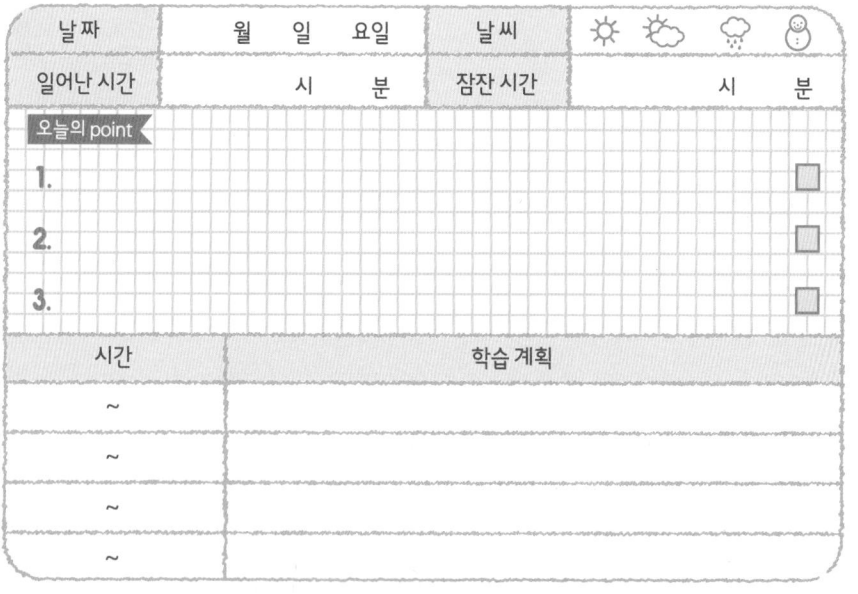

🐤 **나의 생활 일기**

어제의 학업 성취도 : **1 2 3 4 5**

날짜	월 일 요일	날씨	☀ ⛅ ☁ ⛄
일어난 시간	시 분	잠잔 시간	시 분

오늘의 point

1. ☐

2. ☐

3. ☐

시간	학습 계획
~	
~	
~	
~	

아래 도형의 넓이를 알때 ☐안에 들어갈 알맞은 수를 구하세요.

1

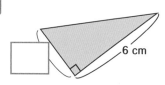

6 cm

(넓이) 6 cm²

(답)

2

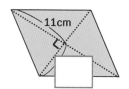

11cm

(넓이) 176 cm²

(답)

3

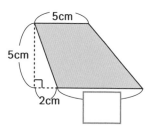

5cm

5cm

2cm

(넓이) 30 cm²

(답)

4

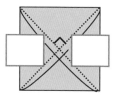

(넓이) 200 cm²

(답)

5

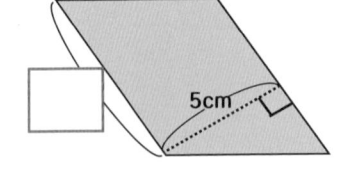

5cm

(넓이) <u>40</u> cm²

(답) ....

6

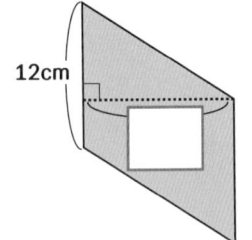

12cm

(넓이) <u>96</u> cm²

(답) ....

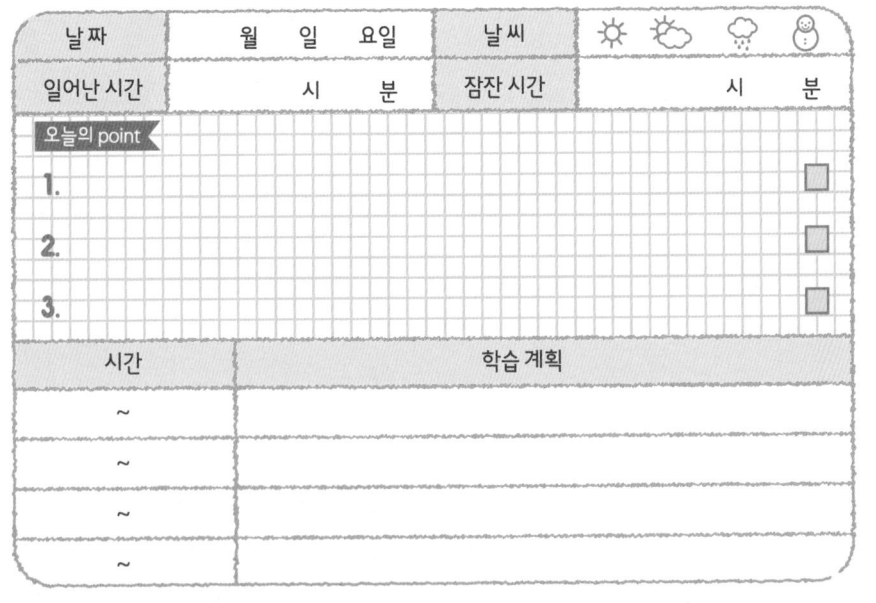

🐤 **나의 생활 일기**

어제의 학업 성취도 : **1 2 3 4 5**

날짜	월 일 요일	날씨	☀ ☁ 🌧 ⛄
일어난 시간	시 분	잠잔 시간	시 분

오늘의 point

1. ☐

2. ☐

3. ☐

시간	학습 계획
~	
~	
~	
~	

55 넓이의 단위 m², a

소리내
읽기

m² (제곱미터)

한 변이 1m인 정사각형의 넓이를
1m² (일 제곱미터)라고 합니다.

$1\text{ m} \times 1\text{ m} = 100\text{ cm} \times 100\text{ cm}$
$\qquad = 10000\text{ cm}^2 = 1\text{ m}^2$

$1\text{ m}^2 = 10000\text{ cm}^2$

a (아르)

한 변이 10m인 정사각형의 넓이를
1a (일 아르)라고 합니다.

$10\text{ m} \times 10\text{ m} = 100\text{ m}^2 = 1\text{ a}$

$1\text{ a} = 100\text{ m}^2 = 1000000\text{ cm}^2$

소리내
풀기

.... 에 알맞은 수를 써 넣으세요.

1 $1\text{m}^2 = $ ____ cm²

2 $3\text{m}^2 = $ ____ cm²

3 $50000\text{cm}^2 = $ ____ m²

4 $340000\text{cm}^2 = $ ____ m²

5 $1\text{m}^2 = $ ____ cm × ____ cm

6 $1\text{a} = $ ____ m × ____ m

7 $3\text{a} = $ ____ cm²

8 $21\text{a} = $ ____ m²

9 $2300\text{m}^2 = $ ____ a

10 $100\text{a} = $ ____ m²

12 문제중 ◯ 문제 맞았기!

$1 m^2 = 10000$ ....

= .... cm $\times$ .... cm

$1a = 100$ ....

= 1000000 ....

🐦 **나의 생활 일기**

어제의 학업 성취도 : **1 2 3 4 5**

날짜	월 일 요일	날씨	☀ ☁ 🌧 ⛄
일어난 시간	시 분	잠잔 시간	시 분

오늘의 point

1. ☐

2. ☐

3. ☐

4. ☐

시간	학습 계획
~	
~	
~	
~	

🔺 **오늘의 나와 가장 가까운 답에 O표 하세요!**

✦ 오늘의 기분은 어때요?   ☐ 좋아요.   ☐ 나빠요.   ☐ 그냥 그래요.

✦ 아침밥을 먹었나요?   ☐ 네.   ☐ 아니요.

✦ 친구하고 사이좋게 지내고 있나요?   ☐ 네.   ☐ 아니요.

✦ 오늘도 힘찬 하루를 보낼 준비 됐나요?   ☐ 네.   ☐ 아니요.

✦ 오늘은 ☐ 즐거울거 ☐ 슬플거 ☐ 기타(   )같아요!

56 넓이의 단위 ha, km²

ha (헥타르)

한 변이 100m인 정사각형의 넓이를
1 ha (일 헥타르)라고 합니다.

$100 \text{ m} \times 100 \text{ m} = 10000 \text{ m}^2$
$= 100 \text{ a} = 1 \text{ ha}$

$1 \text{ ha} = 100 \text{ a} = 10000 \text{ m}^2$

km² (제곱킬러미터)

한 변이 1km(1000m)인 정사각형의
넓이를 1km² (일 제곱킬로미터)라 합니다.

$1 \text{ km} \times 1 \text{ km} = 1000 \text{ m} \times 1000 \text{ m}$
$= 1000000 \text{ m}^2 = 10000 \text{ a} = 100 \text{ ha}$
$= 1 \text{ km}^2$

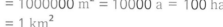

_____에 알맞은 수를 써 넣으세요.

1 2ha = _____ m²

2 3ha = _____ a

3 50000m² = _____ a

4 3400a = _____ ha

5 1ha = _____ m × _____ m

6 1km² = _____ m × _____ m

7 1200ha = _____ km²

8 3km² = _____ a

9 6km² = _____ ha

= _____ a

= _____ m²

1ha = 10000 ....
   = 100 ....
   = ...m × ....m

1km² = 10000 ....
    = 100 ....
    = ...m × ....m

🐦 나의 생활 일기   어제의 학업 성취도 : 1 2 3 4 5

날 짜	월 일 요일	날 씨	☀ ⛅ ☁ 🌧 ⛄
일어난 시간	시 분	잠잔 시간	시 분

오늘의 point ◀

1. ☐

2. ☐

3. ☐

4. ☐

시간	학습 계획
~	
~	
~	
~	

✨🌱 오늘의 나와 가장 가까운 답에 O표 하세요!

✦ 오늘의 기분은 어때요?   ☐ 좋아요. ☐ 나빠요. ☐ 그냥 그래요.

✦ 아침밥을 먹었나요?   ☐ 네. ☐ 아니요.

✦ 친구하고 사이좋게 지내고 있나요?   ☐ 네. ☐ 아니요.

✦ 오늘도 힘찬 하루를 보낼 준비 됐나요?   ☐ 네. ☐ 아니요.

✦ 오늘은 ☐ 즐거울거 ☐ 슬플거 ☐ 기타(   )같아요!

57 넓이의 단위 관계

월 일

분 초

m², a, ha, km² 의 관계

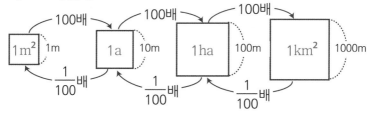

$1km^2 = 100ha = 10000a = 1000000m^2 = 10000000000cm^2$

$1m^2 = 0.01a = 0.0001ha = 0.000001km^2$

에 알맞은 수를 써 넣으세요.

1 $1km^2 =$ .... $\times$ $1ha$

= .... ha

2 $3km^2 =$ .... $\times$ $3a$

= .... a

3 $6km^2 =$ .... ha

= .... a

= .... m²

4 $0.3km^2 =$ .... ha

5 $3ha =$ .... a

= .... km

6 $6m^2 =$ .... a

= .... ha

= .... km²

8 문제 중 ○ 문제 맞았어!

113

$1\text{km}^2 = 1000000$ ⎯⎯⎯
$\quad\quad = 10000$ ⎯⎯⎯
$\quad\quad = 100$ ⎯⎯⎯

$1\text{m}^2 = $ ⎯⎯⎯ a
$\quad\quad = $ ⎯⎯⎯ ha
$\quad\quad = $ ⎯⎯⎯ km^2

🐦 나의 생활 일기

어제의 학업 성취도 : 1 2 3 4 5

날짜	월 일 요일	날씨	☀ ⛅ ☁ 🌧 ⛄
일어난 시간	시 분	잠잔 시간	시 분

오늘의 point

1. ☐
2. ☐
3. ☐
4. ☐

시간	학습 계획
~	
~	
~	
~	

✧🍄 오늘의 나와 가장 가까운 답에 O표 하세요!

◆ 오늘의 기분은 어때요?　　☐ 좋아요.　☐ 나빠요.　☐ 그냥 그래요.

◆ 아침밥을 먹었나요?　　　　　☐ 네.　☐ 아니요.

◆ 친구하고 사이좋게 지내고 있나요?　　☐ 네.　☐ 아니요.

◆ 오늘도 힘찬 하루를 보낼 준비 됐나요?　☐ 네.　☐ 아니요.

◆ 오늘은 ☐ 즐거울거 ☐ 슬플거 ☐ 기타(　　　)같아요!

58 무게의 단위 kg

소리내
읽기

t (톤)

1000kg의 무게를 1t(일 톤) 이라고 합니다.

1t = 1000 kg = 1000000 g

1t = 1kg × 1000 = 1000 kg

1kg = 1g × 1000 = 1000 g

1g = 0.001 kg = 0.000001 t

$1g = 1kg \times \dfrac{1}{1000} = 0.001kg$

$1kg = 1t \times \dfrac{1}{1000} = 0.001t$

소리내
풀기

...... 에 알맞은 수를 써 넣으세요.

1 2t = _____ kg

2 3000kg = _____ t

3 1500kg = _____ t

4 12t = _____ kg

5 3000g = _____ kg

6 2000g = _____ kg

= _____ t

7 15t = _____ kg

= _____ g

8 0.7t = _____ kg

= _____ g

10 문제 중 ◯ 문제 맞았어!

115

$1t = 1000000$ _____

$\quad = 1000$ _____

$\quad = 1$ _____ $\times\ 1000$

$1g =$ _____ kg

$1kg =$ _____ t

나의 생활 일기

어제의 학업 성취도 : **1 2 3 4 5**

날짜		월 일 요일	날씨	☀ ⛅ 🌧 ☃
일어난 시간		시 분	잠잔 시간	시 분

오늘의 point

1. ☐

2. ☐

3. ☐

4. ☐

시간	학습 계획
~	
~	
~	
~	

오늘의 나와 가장 가까운 답에 O표 하세요!

✦ 오늘의 기분은 어때요? ☐ 좋아요. ☐ 나빠요. ☐ 그냥 그래요.

✦ 아침밥을 먹었나요? ☐ 네. ☐ 아니요.

✦ 친구하고 사이좋게 지내고 있나요? ☐ 네. ☐ 아니요.

✦ 오늘도 힘찬 하루를 보낼 준비 됐나요? ☐ 네. ☐ 아니요.

✦ 오늘은 ☐ 즐거울거 ☐ 슬플거 ☐ 기타(   )같아요!

소리내
풀기

에 알맞은 수를 써 넣으세요.

1 1km² = _____ ha = _____ a = _____ m²

2 3000000m² = _____ a = _____ ha = _____ km²

3 9km² = _____ ha = _____ a = _____ m²

4 12000000m² = _____ a = _____ ha = _____ km²

5 6000000 _____ = 60000 _____ = 600 _____ = 6 _____

6 4t = _____ kg = _____ g

9 문제 중 ◯ 문제 맞았어!

117

$5km^2 =$ _____ $ha =$ _____ $a =$ _____ m^2

$5000000m^2 =$ _____ $a =$ _____ $ha =$ _____ km^2

$5t =$ _____ $kg =$ _____ g

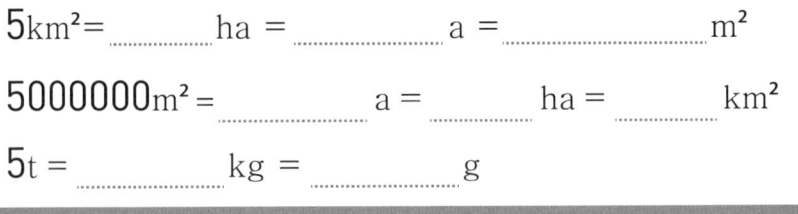 나의 생활 일기

어제의 학업 성취도 : **1 2 3 4 5**

날짜	월 일 요일	날씨	☀ ⛅ ☁ ☃
일어난 시간	시 분	잠잔 시간	시 분

오늘의 point

1. ☐

2. ☐

3. ☐

4. ☐

시간	학습 계획
~	
~	
~	
~	

오늘의 나와 가장 가까운 답에 O표 하세요!

✦ 오늘의 기분은 어때요?   ☐ 좋아요.   ☐ 나빠요.   ☐ 그냥 그래요.

✦ 아침밥을 먹었나요?   ☐ 네.   ☐ 아니요.

✦ 친구하고 사이좋게 지내고 있나요?   ☐ 네.   ☐ 아니요.

✦ 오늘도 힘찬 하루를 보낼 준비 됐나요?   ☐ 네.   ☐ 아니요.

✦ 오늘은 ☐ 즐거울거 ☐ 슬플거 ☐ 기타(   )같아요!

60 도형의 넓이 (연습4)

소리내 풀기

색칠한 부분의 넓이를 구하고 주어진 단위로 나타내세요.

1

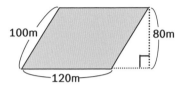

_____ m²

_____ a

2

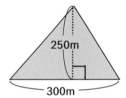

_____ m²

_____ ha

3

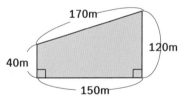

_____ m²

_____ ha

4

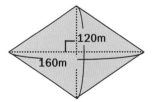

_____ m²

_____ a

6 문제 중 ○ 문제 맞았어!

119

5

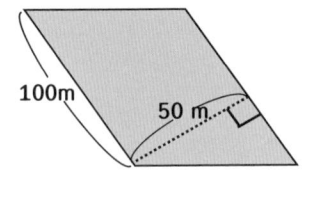

100m
50 m

6

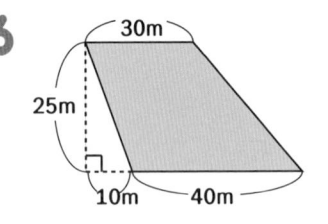

30m
25m
10m
40m

.... m²

.... a

.... m²

.... a

 나의 생활 일기

어제의 학업 성취도 : **1 2 3 4 5**

날짜	월 일 요일	날씨	☀ ⛅ ☁ ☃
일어난 시간	시 분	잠잔 시간	시 분

오늘의 point

1. ☐

2. ☐

3. ☐

시간	학습 계획
~	
~	
~	
~	

( ) 안의 분수를 통분하여 제일 큰 분수를 찾아 ( )에 적으세요.

1 ($\frac{1}{4}$, $\frac{3}{24}$, $\frac{2}{12}$) (   )   **5** ($\frac{3}{4}$, $\frac{4}{5}$, $\frac{5}{8}$) (   )

2 ($\frac{4}{30}$, $\frac{5}{12}$, $\frac{3}{5}$) (   )   **6** ($\frac{1}{4}$, $\frac{3}{16}$, $\frac{3}{8}$) (   )

3 ($\frac{2}{18}$, $\frac{5}{12}$, $\frac{1}{6}$) (   )   **7** ($\frac{5}{12}$, $\frac{1}{6}$, $\frac{4}{9}$) (   )

4 ($\frac{3}{20}$, $\frac{1}{12}$, $\frac{1}{6}$) (   )   **8** ($\frac{13}{18}$, $\frac{5}{9}$, $\frac{2}{3}$) (   )

8 문제 중 ○ 문제 맞았어!

 ( ) 안의 분수를 통분하여 제일 큰 분수를 찾아 ( )에 적으세요.

1 ($\frac{1}{4}$, $\frac{5}{24}$, $\frac{3}{8}$) ( )   **5** ($\frac{5}{12}$, $\frac{7}{18}$, $\frac{1}{3}$) ( )

2 ($\frac{1}{4}$, $\frac{3}{8}$, $\frac{5}{12}$) ( )   **6** ($\frac{7}{8}$, $\frac{5}{28}$, $\frac{6}{7}$) ( )

3 ($\frac{7}{30}$, $\frac{4}{15}$, $\frac{1}{5}$) ( )   **7** ($\frac{7}{18}$, $\frac{1}{6}$, $\frac{4}{9}$) ( )

4 ($\frac{3}{28}$, $\frac{5}{14}$, $\frac{2}{7}$) ( )   **8** ($\frac{5}{36}$, $\frac{3}{8}$, $\frac{7}{18}$) ( )

8 문제 중 ◯ 문제 맞았어!

연습3 분수의 크기(연습3)

( ) 안의 분수를 통분하여 제일 큰 분수를 찾아 ( )에 적으세요.

1 ($\frac{1}{6}$, $\frac{3}{10}$, $\frac{2}{15}$) (   )

5 ($\frac{1}{2}$, $\frac{4}{5}$, $\frac{5}{8}$) (   )

2 ($\frac{1}{6}$, $\frac{1}{3}$, $\frac{3}{10}$) (   )

6 ($\frac{5}{6}$, $\frac{4}{5}$, $\frac{13}{15}$) (   )

3 ($\frac{2}{9}$, $\frac{1}{4}$, $\frac{1}{3}$) (   )

7 ($\frac{5}{7}$, $\frac{2}{3}$, $\frac{11}{14}$) (   )

4 ($\frac{4}{5}$, $\frac{9}{10}$, $\frac{11}{15}$) (   )

8 ($\frac{2}{3}$, $\frac{5}{6}$, $\frac{3}{5}$) (   )

8 문제 중 ◯ 문제 맞았어!

123

연습4 분수3개의 계산 (연습1)

소리내
풀기

세개의 분수를 한번에 통분하여 계산하세요.

1 $\dfrac{1}{2} + \dfrac{1}{16} + \dfrac{1}{8} =$

2 $\dfrac{3}{4} - \dfrac{1}{3} - \dfrac{1}{6} =$

3 $\dfrac{3}{4} - \dfrac{1}{12} - \dfrac{1}{3} =$

4 $\dfrac{4}{5} - \dfrac{1}{3} + \dfrac{5}{6} =$

5 $\dfrac{5}{6} + \dfrac{3}{8} - \dfrac{7}{12} =$

6 $\dfrac{1}{12} + \dfrac{4}{9} - \dfrac{1}{4} =$

7 $\dfrac{5}{6} - \dfrac{5}{7} + \dfrac{2}{21} =$

7 문제중 문제 맞았기!

세개의 분수를 앞에서 두개씩 통분하여 계산하세요.

1 $\dfrac{2}{7} + \dfrac{1}{2} + \dfrac{1}{4} =$

2 $\dfrac{7}{9} - \dfrac{1}{6} - \dfrac{1}{4} =$

3 $\dfrac{5}{6} - \dfrac{1}{4} + \dfrac{1}{3} =$

4 $1\dfrac{1}{12} - \dfrac{1}{3} + \dfrac{1}{6} =$

5 $\dfrac{3}{4} - \dfrac{1}{6} + \dfrac{1}{12} =$

6 $2\dfrac{1}{15} - \dfrac{4}{5} + \dfrac{1}{10} =$

7 $\dfrac{5}{16} - \dfrac{1}{12} + \dfrac{2}{3} =$

7 문제 중 ◯ 문제 맞았어!

125

연습6 **분수3개의 계산**(연습3)

소리내
풀기

세개의 분수를 한번에 통분하여 계산하세요.

1 $\dfrac{1}{6} + \dfrac{1}{4} + \dfrac{1}{3} =$

2 $\dfrac{7}{8} - \dfrac{1}{4} - \dfrac{1}{12} =$

3 $\dfrac{2}{3} - \dfrac{1}{6} - \dfrac{1}{9} =$

4 $2\dfrac{1}{9} - \dfrac{1}{6} + \dfrac{5}{12} =$

5 $1\dfrac{1}{3} + \dfrac{1}{4} - \dfrac{7}{5} =$

6 $2\dfrac{3}{7} - \dfrac{5}{6} - \dfrac{5}{21} =$

7 $1\dfrac{1}{6} - \dfrac{5}{8} + \dfrac{1}{12} =$

7 문제중   문제맞았어!

약분에 주의하여 아래를 계산해 보세요.

1 $3\frac{1}{2} \times 2\frac{4}{5} =$

6 $4\frac{1}{6} \times 1\frac{2}{15} =$

2 $5\frac{4}{7} \times 2\frac{1}{6} =$

7 $4\frac{1}{6} \times 5\frac{1}{3} =$

3 $1\frac{1}{6} \times 1\frac{1}{21} =$

8 $2\frac{1}{4} \times 1\frac{4}{21} =$

4 $1\frac{3}{7} \times 1\frac{1}{10} =$

9 $3\frac{3}{10} \times 1\frac{5}{18} =$

5 $1\frac{1}{14} \times 2\frac{1}{10} =$

10 $2\frac{3}{16} \times 2\frac{14}{25} =$

10 문제 중 ◯ 문제 맞았어!

127

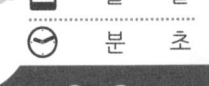

연습8 대분수×대분수(연습2)

Mon 월 일
분 초

소리내 풀기

약분에 주의하여 아래를 계산해 보세요.

1 $1\frac{3}{4} \times 1\frac{1}{14} =$

6 $2\frac{1}{6} \times 1\frac{2}{7} =$

2 $1\frac{1}{5} \times 2\frac{1}{12} =$

7 $2\frac{2}{3} \times 1\frac{1}{24} =$

3 $1\frac{3}{8} \times 1\frac{1}{11} =$

8 $1\frac{1}{3} \times 2\frac{4}{7} =$

4 $1\frac{5}{7} \times 2\frac{1}{10} =$

9 $1\frac{3}{10} \times 2\frac{2}{9} =$

5 $2\frac{4}{15} \times 2\frac{1}{2} =$

10 $3\frac{1}{3} \times 2\frac{2}{5} =$

10 문제 중 ◯ 문제 맞았기!

하루를 준비하는

아침 5분 수학

5학년 1학기 **정답**

01
① 홀수 ② 짝수 ③ 홀수 ④ 짝수 ⑤ 홀수
⑥ 짝수 ⑦ 홀수 ⑧ 짝수 ⑨ 홀수 ⑩ 짝수
⑪ 홀수 ⑫ 짝수 ⑬ 홀수 ⑭ 짝수 ⑮ 짝수
⑯ 홀수 (활)1,3,5,7,9

02
① 1,2 ② 1,3 ③ 1,2,3,6 ④ 1,2,3,4,6,12
⑤ 1,3,5,15 ⑥ 1,2,5,10 ⑦ 1,2,3,4,6,8,12
,24 ⑧ 1,2,3,4,6,9,12,18,36 ⑨ 1,2,4,5,8,
10,20,40 (활) 2개, 25

03
① 15약수(1,3,5,15) 20약수(1,2,4,5,10,20)
공약수(1,5) 최대공약수(5)
② 12약수(1,2,3,4,6,12) 18약수(1,2,3,6,9,
18) 공약수(1,2,3,6) 최대공약수 (6)
③ 16약수(1,2,4,8,16) 24약수(1,2,3,4,6,8,
12,24) 공약수(1,2,4,8) 최대공약수 (8)
④ 36약수(1,2,3,4,6,9,12,18,36)
48약수(1,2,3,4,6,8,12,16, 24,48)
공약수 (1,2,3,4,6,12) 최대공약수 (12)
⑤ 18약수(1,2,3,6,9,18) 26약수(1,2,13,26)
공약수(1,2) 최대공약수 (2)

04
① 6 ② 4 ③ 9 ④ 5 ⑤ 3 ⑥ 5 ⑦ 12 ⑧ 5
⑨ 2 ⑩ 16

05
① 8 ② 4 ③ 9 ④ 5 ⑤ 3 ⑥ 5 ⑦ 12 ⑧ 5
⑨ 2 ⑩ 16

06
① 2,4,6,8,10 ② 3,6,9,12,15 ③ 6,12,18,
24,30 ④ 8,16,24,32,40 ⑤ 9,18,27,36,45
⑥ 10,20,30,40,50 ⑦ 12,24,36,48,60
⑧ 20,40,60,80,100 ⑨ 30,60,90,120,150
⑩ 46,92,138,184,230 (활) 15개,16명

07
① 2배수(2,4,6,8,...) 5배수(5,10,15,20,...)
공배수(10,20,30) 최소공배수(10)

② 6배수(6,12,18,...) 8배수(8,16,24,...)
공배수 (24,48,72) 최소공배수 (24)
③ 10배수(10,20,30,...) 15배수(15,30,45,
...) 공배수(30,60,90) 최소공배수(30)
④ 7배수(7,14,21,28...) 14배수(14,28,42,
...) 공배수(14,28,42) 최소공배수(14)
⑤ 12배수(12,24,36...) 6배수(6,12,18,...)
공배수(12,24,36) 최소공배수(12)

08
① 12 ② 24 ③ 30 ④ 42 ⑤ 36 ⑥ 60
⑦ 60 ⑧ 48 ⑨ 54 ⑩ 72

09
① 12 ② 24 ③ 30 ④ 42 ⑤ 36 ⑥ 60
⑦ 60 ⑧ 48 ⑨ 54 ⑩ 72

10
① 2,24 ② 9,54 ③ 4,48 ④ 8,40 ⑤ 3,18
⑥ 12,72 ⑦ 24,144 ⑧ 18,108

11
① 2,40 ② 9,27 ③ 5,60 ④ 4,80 ⑤ 25,150
⑥ 10,60 ⑦ 6,72 ⑧ 11,66

12
① 3,6 ② 4,4,8 ③ 8,48 ④ 15 ⑤ 5,1
⑥ 9,9,5 ⑦ 5,8 ⑧ 7 ⑨ 35 ⑩ 25 ⑪ 21
⑫ 13 ⑬ 3 ⑭ 18

13
① $\frac{1}{2}$ ② $\frac{1}{3}$ ③ $\frac{1}{3}$ ④ $\frac{2}{5}$ ⑤ $\frac{1}{5}$
⑥ $\frac{3}{4}$ ⑦ $\frac{5}{8}$ ⑧ $\frac{3}{4}$ ⑨ $\frac{1}{3}$ ⑩ $\frac{3}{4}$
⑪ $\frac{5}{8}$ ⑫ $\frac{1}{4}$ ⑬ $\frac{3}{8}$ ⑭ $\frac{1}{3}$ ⑮ 기약분수

⑯ 최대공약수

14
① ($\frac{4}{12}$, $\frac{3}{12}$) ② ($\frac{8}{20}$, $\frac{15}{20}$) ③ ($\frac{6}{24}$, $\frac{20}{24}$)
④ ($\frac{20}{32}$, $\frac{24}{32}$) ⑤ ($\frac{9}{54}$, $\frac{30}{54}$) ⑥ ($\frac{18}{60}$, $\frac{40}{60}$)
⑦ ($\frac{9}{15}$, $\frac{10}{15}$) ⑧ ($\frac{20}{50}$, $\frac{10}{50}$) ⑨ ($\frac{4}{8}$, $\frac{2}{8}$)
⑩ ($\frac{8}{12}$, $\frac{9}{12}$) ⑪ ($\frac{12}{30}$, $\frac{5}{30}$) ⑫ ($\frac{6}{12}$, $\frac{10}{12}$)
⑬ ($\frac{6}{18}$, $\frac{3}{18}$) ⑭ ($\frac{6}{48}$, $\frac{40}{48}$)

15 ① $\left(\frac{2}{6}, \frac{1}{6}\right)$ ② $\left(\frac{3}{8}, \frac{6}{8}\right)$ ③ $\left(\frac{3}{6}, \frac{5}{6}\right)$
④ $\left(\frac{11}{12}, \frac{3}{12}\right)$ ⑤ $\left(\frac{12}{27}, \frac{5}{27}\right)$ ⑥ $\left(\frac{9}{30}, \frac{7}{30}\right)$
⑦ $\left(\frac{3}{16}, \frac{10}{16}\right)$ ⑧ $\left(\frac{16}{36}, \frac{2}{36}\right)$ ⑨ $\left(\frac{1}{16}, \frac{4}{16}\right)$
⑩ $\left(\frac{12}{18}, \frac{5}{18}\right)$ ⑪ $\left(\frac{6}{12}, \frac{5}{12}\right)$ ⑫ $\left(\frac{1}{36}, \frac{6}{36}\right)$
⑬ 두분수의 최소 공배수를 공통분모로 구한다.
⑭ 수가 작아져 계산이 복잡하지 않고 간편해짐.

16 ① $\left(\frac{3}{12}, \frac{2}{12}\right)$ ② $\left(\frac{9}{24}, \frac{12}{24}\right)$ ③ $\left(\frac{2}{20}, \frac{15}{20}\right)$
④ $\left(\frac{21}{24}, \frac{10}{24}\right)$ ⑤ $\left(\frac{5}{60}, \frac{28}{60}\right)$ ⑥ $\left(\frac{21}{70}, \frac{25}{70}\right)$
⑦ $\left(\frac{9}{30}, \frac{8}{30}\right)$ ⑧ $\left(\frac{9}{72}, \frac{10}{72}\right)$ ⑨ $\left(\frac{4}{48}, \frac{15}{48}\right)$
⑩ $\left(\frac{14}{60}, \frac{25}{60}\right)$

17 ① $\frac{3}{4}$ ② $\frac{5}{8}$ ③ $\frac{4}{5}$ ④ $\frac{7}{15}$ ⑤ $\frac{7}{8}$ ⑥ $\frac{7}{12}$
⑦ $\frac{5}{14}$ ⑧ $\frac{5}{8}$ ⑨ $\frac{4}{15}$ ⑩ $\frac{9}{24}$ ⑪ $\frac{11}{16}$ ⑫ $\frac{17}{35}$

18 ① $\frac{3}{4}$ ② $\frac{13}{15}$ ③ $\frac{5}{12}$ ④ $\frac{1}{2}$ ⑤ $\frac{13}{16}$
⑥ $\frac{4}{9}$ ⑦ $\frac{5}{6}$ ⑧ $\frac{7}{12}$ ⑨ $\frac{3}{8}$ ⑩ $\frac{11}{35}$

19 ① $\frac{1}{4}$ ② $\frac{3}{5}$ ③ $\frac{5}{12}$ ④ $\frac{11}{12}$ ⑤ $\frac{4}{5}$ ⑥ $\frac{7}{8}$
⑦ $\frac{4}{9}$ ⑧ $\frac{5}{8}$ ⑨ $\frac{3}{4}$ ⑩ $\frac{2}{3}$ ⑪ $\frac{3}{5}$ ⑫ $\frac{5}{8}$

20 ① $\frac{3}{2}$ ② $\frac{3}{8}$ ③ $\frac{4}{15}$ ④ $\frac{11}{14}$ ⑤ $\frac{4}{9}$ ⑥ $\frac{7}{8}$
⑦ $\frac{4}{9}$ ⑧ $\frac{5}{8}$ ⑨ $\frac{3}{4}$ ⑩ $\frac{2}{4}$ ⑪ $\frac{3}{6}$ ⑫ $\frac{17}{20}$

21 ① $\frac{5}{12}$ ② $\frac{11}{12}$ ③ $\frac{29}{35}$ ④ $\frac{16}{21}$ ⑤ $1\frac{1}{6}$ ⑥ $1\frac{19}{40}$
⑦ $1\frac{5}{18}$ ⑧ $1\frac{7}{30}$ ⑨ $1\frac{11}{24}$ ⑩ $\frac{59}{60}$ ⑪ $\frac{5}{12}$ ⑫ $\frac{11}{42}$

22 ① $\frac{1}{2}$ ② $1\frac{1}{4}$ ③ $\frac{3}{5}$ ④ $\frac{2}{5}$ ⑤ $\frac{1}{3}$ ⑥ $1\frac{7}{24}$
⑦ $1\frac{1}{10}$ ⑧ $\frac{17}{30}$ ⑨ $\frac{7}{24}$ ⑩ $\frac{19}{60}$ ⑪ $\frac{1}{8}$ ⑫ $\frac{9}{14}$

23 ① $\frac{11}{15}$ ② $\frac{25}{28}$ ③ $1\frac{5}{24}$ ④ $\frac{3}{10}$ ⑤ $\frac{13}{40}$ ⑥ $\frac{11}{18}$
⑦ $1\frac{3}{8}$ ⑧ $\frac{1}{2}$ ⑨ $1\frac{1}{3}$ ⑩ $\frac{5}{6}$ ⑪ $\frac{26}{35}$ ⑫ $\frac{17}{45}$
⑬ $\frac{11}{16}$ ⑭ $\frac{25}{54}$

24 ① $\frac{11}{12}$ ② $1\frac{5}{36}$ ③ $1\frac{2}{9}$ ④ $\frac{19}{20}$ ⑤ $\frac{31}{45}$ ⑥ $\frac{25}{36}$
⑦ $\frac{37}{60}$ ⑧ $\frac{1}{2}$ ⑨ $\frac{4}{7}$ ⑩ $1\frac{1}{12}$ ⑪ $\frac{35}{72}$ ⑫ $\frac{41}{48}$
⑬ $\frac{57}{70}$ ⑭ $\frac{23}{28}$

25 ① $\frac{2}{15}$ ② $\frac{1}{2}$ ③ $\frac{2}{9}$ ④ $\frac{8}{21}$ ⑤ $\frac{5}{12}$ ⑥ $\frac{1}{8}$
⑦ $\frac{4}{15}$ ⑧ $\frac{2}{3}$ ⑨ $\frac{11}{24}$ ⑩ $\frac{5}{12}$ ⑪ $\frac{9}{16}$ ⑫ $\frac{13}{28}$

26 ① $\frac{1}{6}$ ② $\frac{1}{3}$ ③ $\frac{7}{10}$ ④ $\frac{7}{20}$ ⑤ $\frac{2}{5}$ ⑥ $\frac{1}{2}$
⑦ $\frac{1}{10}$ ⑧ $\frac{2}{15}$ ⑨ $\frac{11}{24}$ ⑩ $\frac{11}{60}$ ⑪ $\frac{7}{48}$ ⑫ $\frac{5}{14}$

27 ① $\frac{3}{10}$ ② $\frac{2}{9}$ ③ $\frac{11}{24}$ ④ $\frac{1}{3}$ ⑤ $\frac{1}{3}$ ⑥ $\frac{8}{21}$
⑦ $\frac{3}{8}$ ⑧ $\frac{13}{36}$ ⑨ $\frac{1}{4}$ ⑩ $\frac{16}{21}$ ⑪ $\frac{11}{35}$ ⑫ $\frac{23}{45}$
⑬ $\frac{3}{16}$ ⑭ $\frac{7}{54}$

28 ① $\frac{5}{12}$ ② $\frac{1}{9}$ ③ $\frac{1}{4}$ ④ $\frac{9}{40}$ ⑤ $\frac{3}{10}$ ⑥ $\frac{11}{24}$
⑦ $\frac{1}{6}$ ⑧ $\frac{7}{30}$ ⑨ $\frac{5}{36}$ ⑩ $\frac{11}{56}$ ⑪ $\frac{11}{72}$ ⑫ $\frac{7}{48}$
⑬ $\frac{1}{10}$ ⑭ $\frac{15}{28}$

29 ① $3\frac{9}{10}$ ② $3\frac{17}{36}$ ③ $5\frac{5}{8}$ ④ $6\frac{5}{6}$ ⑤ $5\frac{8}{15}$ ⑥ $5\frac{1}{2}$
⑦ $3\frac{3}{4}$ ⑧ $4\frac{7}{16}$ ⑨ $6\frac{7}{16}$ ⑩ $5\frac{4}{15}$

30 ① $1\frac{1}{6}$ ② $2\frac{1}{8}$ ③ $1\frac{4}{9}$ ④ $1\frac{11}{35}$ ⑤ $2\frac{17}{24}$ ⑥ $1\frac{1}{12}$
⑦ $1\frac{1}{4}$ ⑧ $2\frac{9}{16}$ ⑨ $4\frac{3}{16}$ ⑩ $1\frac{1}{3}$

31 ① $\frac{11}{30}$ ② $1\frac{2}{3}$ ③ $\frac{22}{45}$ ④ $\frac{2}{3}$ ⑤ $1\frac{13}{24}$ ⑥ $\frac{19}{24}$
⑦ $1\frac{7}{8}$ ⑧ $1\frac{15}{16}$ ⑨ $1\frac{7}{12}$ ⑩ $1\frac{11}{15}$

32 ① $\frac{2}{3}$ ② $1\frac{2}{3}$ ③ $\frac{7}{18}$ ④ $\frac{7}{10}$ ⑤ $1\frac{13}{24}$ ⑥ $\frac{19}{24}$
⑦ $1\frac{7}{8}$ ⑧ $1\frac{15}{16}$ ⑨ $1\frac{7}{12}$ ⑩ $1\frac{11}{15}$

33 ① $3\frac{2}{3}$ ② $4\frac{5}{6}$ ③ $5\frac{8}{9}$ ④ $8\frac{7}{8}$ ⑤ $1\frac{11}{20}$ ⑥ $2\frac{17}{30}$
⑦ $1\frac{1}{36}$ ⑧ $1\frac{39}{56}$ ⑨ $2\frac{2}{9}$ ⑩ $1\frac{29}{36}$ ⑪ $1\frac{2}{3}$ ⑫ $1\frac{7}{12}$

34 ① $1\frac{1}{2}$ ② $\frac{13}{30}$ ③ $\frac{11}{36}$ ④ $\frac{23}{36}$ ⑤ $1\frac{1}{8}$ ⑥ $\frac{21}{50}$
⑦ $\frac{31}{48}$

35 ① $\frac{11}{24}$ ② $1\frac{11}{30}$ ③ $\frac{19}{36}$ ④ $\frac{17}{36}$ ⑤ $1\frac{1}{8}$ ⑥ $\frac{1}{5}$
⑦ $\frac{11}{16}$

36 ① $\frac{11}{18}$ ② $\frac{13}{60}$ ③ $\frac{11}{12}$ ④ $\frac{25}{36}$ ⑤ 1 ⑥ $\frac{3}{10}$
⑦ $\frac{35}{48}$ ⑧ $\frac{27}{28}$ ⑨ $\frac{7}{18}$ ⑩ $1\frac{5}{36}$

37 ① $\frac{7}{8}$ ② 0 ③ $\frac{5}{24}$ ④ $\frac{31}{36}$ ⑤ $\frac{1}{24}$ ⑥ $\frac{7}{36}$
⑦ $\frac{1}{6}$ ⑧ $\frac{17}{20}$ ⑨ $\frac{1}{5}$ ⑩ $\frac{11}{16}$

38 ① $\frac{2}{3}$ ② $1\frac{1}{4}$ ③ $1\frac{7}{8}$ ④ $2\frac{2}{9}$ ⑤ 18 ⑥ 2
⑦ $\frac{3}{7}$ ⑧ $\frac{1}{2}$ ⑨ $2\frac{2}{5}$ ⑩ 18 ⑪ $\frac{1}{2}$ ⑫ $\frac{2}{3}$
⑬ 1 ⑭ 2 ⑮ $\frac{1}{3}$ ⑯ $\frac{1}{3}$ ⑰ $\frac{1}{9}$ ⑱ $1\frac{1}{3}$

39 ① $4\frac{2}{3}$ ② $16\frac{1}{4}$ ③ $2\frac{3}{4}$ ④ $7\frac{1}{3}$ ⑤ $2\frac{3}{4}$ ⑥ $8\frac{3}{7}$
⑦ $6\frac{1}{3}$ ⑧ $9\frac{1}{2}$ ⑨ $15\frac{5}{6}$ ⑩ $8\frac{1}{6}$ ⑪ $2\frac{3}{8}$ ⑫ $6\frac{1}{2}$
⑬ $19\frac{1}{2}$ ⑭ $7\frac{1}{5}$

40 ① $\frac{1}{12}$ ② $\frac{1}{8}$ ③ $\frac{1}{24}$ ④ $\frac{1}{24}$ ⑤ $\frac{1}{14}$ ⑥ $\frac{1}{72}$
⑦ $\frac{1}{60}$ ⑧ $\frac{1}{91}$ ⑨ $\frac{1}{135}$ ⑩ $\frac{1}{230}$ ⑪ $\frac{1}{99}$ ⑫ $\frac{1}{84}$
⑬ $\frac{1}{70}$ ⑭ $\frac{1}{96}$

41 ① $\frac{2}{15}$ ② $\frac{5}{28}$ ③ $\frac{1}{6}$ ④ $\frac{1}{18}$ ⑤ $\frac{1}{7}$ ⑥ $\frac{2}{9}$
⑦ $\frac{1}{4}$ ⑧ $\frac{1}{8}$ ⑨ $\frac{1}{15}$ ⑩ $\frac{1}{6}$ ⑪ $\frac{1}{12}$ ⑫ $\frac{1}{4}$
⑬ $\frac{1}{20}$ ⑭ $\frac{1}{6}$ ⑮ $\frac{1}{6}$ ⑯ $\frac{4}{75}$ ⑰ $\frac{1}{9}$ ⑱ $\frac{3}{16}$

42 ① 8 ② 4 ③ $4\frac{2}{5}$ ④ $7\frac{5}{9}$ ⑤ $3\frac{1}{4}$ ⑥ $3\frac{1}{12}$
⑦ $8\frac{3}{14}$ ⑧ $3\frac{3}{4}$ ⑨ $3\frac{1}{3}$ ⑩ $7\frac{5}{9}$

43 ① $1\frac{5}{7}$ ② $4\frac{1}{2}$ ③ $1\frac{11}{12}$ ④ $2\frac{1}{4}$ ⑤ $7\frac{1}{4}$ ⑥ $2\frac{3}{5}$
⑦ $2\frac{1}{3}$ ⑧ $12\frac{2}{5}$ ⑨ $6\frac{2}{3}$ ⑩ $3\frac{3}{5}$ ⑪ $2\frac{14}{15}$ ⑫ $7\frac{1}{3}$

44 ① $\frac{1}{16}$ ② $\frac{2}{25}$ ③ $\frac{1}{27}$ ④ $\frac{1}{18}$ ⑤ $\frac{1}{24}$ ⑥ $\frac{9}{40}$
⑦ $\frac{1}{12}$ ⑧ $\frac{1}{4}$ ⑨ $\frac{5}{36}$ ⑩ $\frac{1}{66}$ ⑪ $\frac{1}{27}$ ⑫ $\frac{1}{24}$
⑬ $\frac{1}{40}$ ⑭ $\frac{1}{12}$

45 ① $\frac{1}{36}$ ② $\frac{2}{25}$ ③ $\frac{1}{16}$ ④ $\frac{1}{18}$ ⑤ $\frac{1}{60}$ ⑥ $\frac{1}{16}$
⑦ $\frac{9}{40}$ ⑧ $\frac{1}{15}$ ⑨ $\frac{1}{24}$ ⑩ $\frac{1}{12}$ ⑪ $\frac{1}{60}$ ⑫ $\frac{3}{32}$
⑬ $\frac{1}{18}$ ⑭ $\frac{1}{15}$ ⑮ $\frac{1}{8}$ ⑯ $\frac{1}{24}$

46 ① 8×7=56, 56cm² ② 12×12=144, 144cm²
③ 12×6=72, 72cm² ④ 6×4=24, 24cm²
⑤ 8×8=64, 64cm² ⑥ 24×12=288, 288cm²

47 ① 8×10÷2=40,40cm² ② 6×10÷2=30,30cm²
③ 9×6÷2=27,27cm² ④ 12×16÷2=96,96cm²
⑤ 7×10÷2=35,35cm² ⑥ 6×2÷2=6,6cm²

48 ① (5+12)×8÷2=68,68cm² ② (3+8)×12÷2
=66,66cm² ③ (10+6)×8÷2=64,64cm²
④ (10+6)×8÷2=64,64cm² ⑤ (4+6)×5÷2
=25,25cm² ⑥ (10+15)×12÷2=150,150cm²

49 ① 4×6÷2+10×6÷2=42,42cm²
② 3×12÷2+8×12÷2=66,66cm²
③ 6×5÷2+4×5÷2=25,25cm²
④ 8×6÷2+5×6÷2=39,39cm²

⑤ 6×5÷2+4×5÷2=25,25cm²
⑥ 15×12÷2+10×12÷2=150,150cm²

50 ① 8×12÷2=48,48cm² ② 18×24÷2=216,
216cm² ③ 16×12÷2=96,96cm²
④ 10×10÷2=50,50cm² ⑤ 24×16÷2=192,
192cm² ⑥ 20×20÷2=200,200cm²

51 ① 24,96 ② 150,600 ③ 6,24 ④ 50,200
⑤ 48,192 ⑥ 50,200

52 ① 12×8=96,96cm² ② 15×12÷2=90,90cm²
③ 8×10÷2=40,40cm² ④ (2+5)×8÷2=28,
28cm² ⑤ 18×24÷2=216,216cm² ⑥ 10×8
=80,80cm² ⑦ 28×28÷2=392,392cm²

53 ① 8 ② 8 ③ 5 ④ 14 ⑤ 5 ⑥ 8

54 ① 2 ② 8 ③ 7 ④ 20 ⑤ 8 ⑥ 8

55 ① 10000 ② 30000 ③ 5 ④ 34 ⑤ 100,100
⑥ 10,10 ⑦ 3000000 ⑧ 2100 ⑨ 23
⑩ 10000 (확) cm²,100,100, m², cm²

56 ① 20000 ② 300 ③ 500 ④ 34 ⑤ 100,100
⑥ 1000,1000 ⑦ 12 ⑧ 30000 ⑨ 600,
60000,6000000 (확) m²,a,100,100,
a, ha,1000,1000

57 ① 100,100 ② 10000,30000 ③ 600,60000
6000000 ④ 30 ⑤ 300,0.03 ⑥ 0.06,
0.0006,0.000006 (확) m²,a,ha,0.01,0.0001
0.000001

58 ① 2000 ② 3 ③ 1.5 ④ 12000 ⑤ 3
⑥ 2,0.002 ⑦ 15000,15000000 ⑧ 700,
700000 (확) g,kg,kg, 0.001, 0.001

59 ① 100,10000,1000000 ② 30000,300,3
③ 900,90000,9000000 ④ 120000,1200,
12 ⑤ m²,a,ha,km² ⑥ 4000,4000000
(확1) 500,50000,5000000 (확2) 50000,500
,5 (확3) 5000,5000000

60 ① 9600,96 ② 37500,3.75 ③ 12000 ,
1,2 ④ 9600,96 ⑤ 5000,50 ⑥ 875,
8.75

연습1 ① $\frac{1}{4}$ ② $\frac{3}{5}$ ③ $\frac{5}{12}$ ④ $\frac{1}{6}$ ⑤ $\frac{4}{9}$ ⑥ $\frac{3}{8}$
⑦ $\frac{4}{9}$ ⑧ $\frac{13}{18}$

연습2 ① $\frac{3}{8}$ ② $\frac{5}{12}$ ③ $\frac{4}{15}$ ④ $\frac{5}{14}$ ⑤ $\frac{5}{12}$ ⑥ $\frac{7}{8}$
⑦ $\frac{4}{9}$ ⑧ $\frac{7}{18}$

연습3 ① $\frac{3}{10}$ ② $\frac{1}{3}$ ③ $\frac{1}{3}$ ④ $\frac{9}{10}$ ⑤ $\frac{4}{5}$ ⑥ $\frac{13}{15}$
⑦ $\frac{11}{14}$ ⑧ $\frac{5}{6}$

연습4 ① $\frac{11}{16}$ ② $\frac{1}{4}$ ③ $\frac{1}{3}$ ④ $1\frac{3}{10}$ ⑤ $\frac{5}{8}$ ⑥ $\frac{5}{18}$
⑦ $\frac{3}{14}$

연습5 ① $1\frac{1}{28}$ ② $\frac{13}{36}$ ③ $\frac{11}{12}$ ④ $\frac{11}{12}$ ⑤ $\frac{2}{3}$ ⑥ $1\frac{11}{30}$
⑦ $\frac{43}{48}$

연습6 ① $\frac{3}{4}$ ② $\frac{13}{24}$ ③ $\frac{7}{18}$ ④ $2\frac{13}{36}$ ⑤ $\frac{11}{60}$ ⑥ $1\frac{5}{14}$
⑦ $\frac{5}{8}$

연습7 ① $9\frac{4}{5}$ ② $12\frac{1}{14}$ ③ $1\frac{2}{9}$ ④ $1\frac{4}{7}$ ⑤ $2\frac{1}{4}$ ⑥ $4\frac{13}{18}$
⑦ $22\frac{2}{9}$ ⑧ $2\frac{19}{28}$ ⑨ $4\frac{13}{60}$ ⑩ $5\frac{3}{5}$

연습8 ① $1\frac{7}{8}$ ② $2\frac{1}{2}$ ③ $1\frac{1}{2}$ ④ $3\frac{3}{5}$ ⑤ $5\frac{2}{3}$ ⑥ $2\frac{11}{14}$
⑦ $2\frac{7}{9}$ ⑧ $3\frac{3}{7}$ ⑨ $2\frac{8}{9}$ ⑩ 8

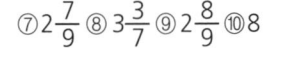

계산력 완성 !!!
스스로 하루를 준비하는 아침5분수학